Sapore Spagnolo

La Cucina dell'Anima Iberica

Lucia Rodriguez

SOMMARIO

CONIGLI AL CIOCCOLATO CON MANDORLE TOSTATE 22
    INGREDIENTI 22
    Elaborazione 22
    TRUCCO 23

CRIADILLAS DI AGNELLO DI RAZZA ALLE ERBE FINE 24
    INGREDIENTI 24
    Elaborazione 24
    TRUCCO 24

SCALOPE ALLA MILANESASE 25
    INGREDIENTI 25
    Elaborazione 25
    TRUCCO 25

STUFATO DI CARNE AL GIARDINO 26
    INGREDIENTI 26
    Elaborazione 26
    TRUCCO 27

Flamenquins 28
    INGREDIENTI 28
    Elaborazione 28
    TRUCCO 28

Vitello fricando 29
    INGREDIENTI 29
    Elaborazione 29
    TRUCCO 30

Porridge con chorizo e salsicce 31
    INGREDIENTI 31
    Elaborazione 31
    TRUCCO 32
LACON CON PUNTE DI BARBABIETOLA 33
    INGREDIENTI 33
    Elaborazione 33
    TRUCCO 34
Fegato di vitello in salsa al vino rosso 35
    INGREDIENTI 35
    Elaborazione 35
    TRUCCO 36
Lepre brasata 37
    INGREDIENTI 37
    Elaborazione 37
    TRUCCO 38
LONZA DI MAIALE CON PESCA 39
    INGREDIENTI 39
    Elaborazione 39
    TRUCCO 39
SLIM ENTOMATO 40
    INGREDIENTI 40
    Elaborazione 40
    TRUCCO 41
PANTALONI DI MAIALE BRASATO 42
    INGREDIENTI 42

- Elaborazione 42
  - TRUCCO 43
- briciole 44
  - INGREDIENTI 44
  - Elaborazione 44
  - TRUCCO 44
- Lombo di maiale ripieno 45
  - INGREDIENTI 45
  - Elaborazione 45
  - TRUCCO 46
- VITELLO CARBONARA 47
  - INGREDIENTI 47
  - Elaborazione 47
  - TRUCCO 48
- GAZZIERI DI AGNELLO CON CASCATE DI PIETRA 49
  - INGREDIENTI 49
  - Elaborazione 49
  - TRUCCO 50
- OSSOBUCO DI VITELLO ALL'ARANCIA 51
  - INGREDIENTI 51
  - Elaborazione 51
  - TRUCCO 52
- SALSICCE AL VINO 53
  - INGREDIENTI 53
  - Elaborazione 53
  - TRUCCO 53

TORTA DI CARNE INGLESE 54
   INGREDIENTI 54
   Elaborazione... 54
   TRUCCO 55

QUAGLIA MARINATA E FRUTTI ROSSI 56
   INGREDIENTI 56
   Elaborazione... 56
   TRUCCO 57

POLLO AL LIMONE 58
   INGREDIENTI 58
   Elaborazione... 58
   TRUCCO 59

POLLO SAN JACOBO CON PROSCIUTTO SERRANO, TORTA CASAR E RUGOLA 60
   INGREDIENTI 60
   Elaborazione... 60
   TRUCCO 60

POLLO AL CURRY AL FORNO 61
   INGREDIENTI 61
   Elaborazione... 61
   TRUCCO 61

POLLO AL VINO ROSSO 62
   INGREDIENTI 62
   Elaborazione... 62
   TRUCCO 63

POLLO FRITTO CON BIRRA NERA 64

- INGREDIENTI 64
  - Elaborazione 64
  - TRUCCO 65
- Pernice al cioccolato 66
  - INGREDIENTI 66
  - Elaborazione 66
  - TRUCCO 67
- Quarti di tacchino arrosto con salsa ai frutti rossi 68
  - INGREDIENTI 68
  - Elaborazione 68
  - TRUCCO 69
- POLLO FRITTO CON SALSA DI PESCHE 70
  - INGREDIENTI 70
  - Elaborazione 70
  - TRUCCO 71
- FILETTO DI POLLO FARCITO CON SPINACI E MOZZARELLA 72
  - INGREDIENTI 72
  - Elaborazione 72
  - TRUCCO 73
- POLLO FRITTO CON CAVA 74
  - INGREDIENTI 74
  - Elaborazione 74
  - TRUCCO 74
- SPIEDINI DI POLLO CON SALSA DI ARACHIDI 75
  - INGREDIENTI 75
  - Elaborazione 75

- TRUCCO 76
- POLLO IN PEPITORIA 77
  - INGREDIENTI 77
  - Elaborazione 77
  - TRUCCO 78
- POLLO ALL'ARANCIA 79
  - INGREDIENTI 79
  - Elaborazione 79
  - TRUCCO 80
- Pollo brasato ai funghi porcini 81
  - INGREDIENTI 81
  - Elaborazione 81
  - TRUCCO 82
- POLLO SALTATO CON NOCI E SOIA 83
  - INGREDIENTI 83
  - Elaborazione 83
  - TRUCCO 84
- POLLO AL CIOCCOLATO CON ALMEDES ARROSTO 85
  - INGREDIENTI 85
  - Elaborazione 85
  - TRUCCO 86
- SPIEDINI DI AGNELLO CON PAPRISON E VINAIGRETTE ALLA SENAPE 87
  - INGREDIENTI 87
  - Elaborazione 87
  - TRUCCO 88

Manzo ripieno al vino di Porto 89
- INGREDIENTI 89
- Elaborazione 89
- TRUCCO 90

POLPETTE ALLA MADRILEÑA 91
- INGREDIENTI 91
- Elaborazione 92
- TRUCCO 92

GUANCE DI MANZO AL CIOCCOLATO 93
- INGREDIENTI 93
- Elaborazione 93
- TRUCCO 94

TORTIETTO DI MAIALE CANDITO CON SALSA AL VINO DOLCE .. 95
- INGREDIENTI 95
- Elaborazione 95
- TRUCCO 96

TONDO DI MANZO BRASATO 97
- INGREDIENTI 97
- Elaborazione 97
- TRUCCO 98

RENI A JEREZ 99
- INGREDIENTI 99
- Elaborazione 99
- TRUCCO 100

MILANESASI OSSOBUCO 101
- INGREDIENTI 101

- Elaborazione 101
- TRUCCO 102
- SEGRETO IBERICO CON SALSA CHIMICHURRI FATTA IN CASA . 103
  - INGREDIENTI 103
  - Elaborazione 103
  - TRUCCO 103
- VITELLO TONNATO 105
  - INGREDIENTI 105
  - Elaborazione 105
  - TRUCCO 106
- CODA DI BUE 107
  - INGREDIENTI 107
  - Elaborazione 107
  - TRUCCO 108
- BROWNIE 109
  - INGREDIENTI 109
  - Elaborazione 109
  - TRUCCO 109
- SORBETTO AL LIMONE CON MENTA 110
  - INGREDIENTI 110
  - Elaborazione 110
  - TRUCCO 110
- BUDINO DI RISO ASTURIANO 111
  - INGREDIENTI 111
  - Elaborazione 111
  - TRUCCO 111

LENTICCHIE AL CURRY CON MELA 112
    INGREDIENTI 112
    Elaborazione 112
    TRUCCO 113

POCHAS ALLA NAVARRA 114
    INGREDIENTI 114
    Elaborazione 114
    TRUCCO 115

LENTI A CONTATTO 116
    INGREDIENTI 116
    Elaborazione 116
    TRUCCO 117

MUSAKA DI FAGIOLI CON FUNGHI 118
    INGREDIENTI 118
    Elaborazione 118
    TRUCCO 119

VIGIL POTAJE 120
    INGREDIENTI 120
    Elaborazione 120
    TRUCCO 121

POCHAS CON COCKLES 122
    INGREDIENTI 122
    Elaborazione 122
    TRUCCO 123

AJOARRIERO COD 125
    INGREDIENTI 125

Elaborazione 125

TRUCCO 125

vongole al vapore di Jerez 126

INGREDIENTI 126

Elaborazione 126

TRUCCO 126

TUTTO I PEBRE DE RAPE CON GAMBERI 127

INGREDIENTI 127

Elaborazione 128

TRUCCO 128

PETTO ARROSTO 129

INGREDIENTI 129

Elaborazione 129

TRUCCO 129

Conchiglie MARINERA 130

INGREDIENTI 130

Elaborazione 130

TRUCCO 131

Merluzzo con pillpil 132

INGREDIENTI 132

Elaborazione 132

TRUCCO 132

Acciughe impanate alla birra 134

INGREDIENTI 134

Elaborazione 134

TRUCCO 134

SCULTURE NEL TUO INCHIOSTRO 135
    INGREDIENTI 135
    Elaborazione 135
    TRUCCO 136

COD CLUB RANERO 137
    INGREDIENTI 137
    Elaborazione 137
    TRUCCO 138

SUOLA IN ARANCIONE 139
    INGREDIENTI 139
    Elaborazione 139
    TRUCCO 139

Nasello alla Riojana 141
    INGREDIENTI 141
    Elaborazione 141
    TRUCCO 142

Merluzzo con salsa di fragole 143
    INGREDIENTI 143
    Elaborazione 143
    TRUCCO 143

Trota in salamoia 144
    INGREDIENTI 144
    Elaborazione 144
    TRUCCO 145

CUCITO STILE BILBAINE 146
    INGREDIENTI 146

- Elaborazione 146
  - TRUCCO 146
- SCAMPI 147
  - INGREDIENTI 147
  - Elaborazione 147
  - TRUCCO 147
- Frittelle di merluzzo 148
  - INGREDIENTI 148
  - Elaborazione 148
  - TRUCCO 148
- DOURADO COD 150
  - INGREDIENTI 150
  - Elaborazione 150
  - TRUCCO 150
- GRANCHIO ALLA BASCA 151
  - INGREDIENTI 151
  - Elaborazione 151
  - TRUCCO 152
- ACCIUGHE IN ACETO 153
  - INGREDIENTI 153
  - Elaborazione 153
  - TRUCCO 153
- MARCHIO DI COD 154
  - INGREDIENTI 154
  - Elaborazione 154
  - TRUCCO 154

Gobba marinata (BIENMESABE) 155
    INGREDIENTI 155
    Elaborazione... 155
    TRUCCO 156
MARINA DI AGRUMI E TONNO 157
    INGREDIENTI 157
    Elaborazione... 157
    TRUCCO 158
IMPERMEABILE GAMBERI 159
    INGREDIENTI 159
    Elaborazione... 159
    TRUCCO 159
FLANE DI TONNO AL BASILICO 160
    INGREDIENTI 160
    Elaborazione... 160
    TRUCCO 160
SOLE A LA MENIER 161
    INGREDIENTI 161
    Elaborazione... 161
    TRUCCO 161
LONZA DI SALMONE CON CAVA 162
    INGREDIENTI 162
    Elaborazione... 162
    TRUCCO 162
BRANZINO A BILBAÍNA CON PIQUILLOS 163
    INGREDIENTI 163

- Elaborazione 163
- TRUCCO 163
- COZZE IN VINAIGRETTE 164
  - INGREDIENTI 164
  - Elaborazione 164
  - TRUCCO 164
- MARMITAKO 165
  - INGREDIENTI 165
  - Elaborazione 165
  - TRUCCO 165
- BRANZINO AL SALE 167
  - INGREDIENTI 167
  - Elaborazione 167
  - TRUCCO 167
- COZZE AL VAPORE 168
  - INGREDIENTI 168
  - Elaborazione 168
  - TRUCCO 168
- Nasello della Galizia 169
  - INGREDIENTI 169
  - Elaborazione 169
  - TRUCCO 170
- Nasello alla Koskera 171
  - INGREDIENTI 171
  - Elaborazione 171
  - TRUCCO 172

NAVAJAS CON AGLIO E LIMONE 173
    INGREDIENTI 173
    Elaborazione 173
    TRUCCO 173

BUDINO DI CABRACHO 174
    INGREDIENTI 174
    Elaborazione 174
    TRUCCO 175

SNUFF CON CREMA MORBIDA ALL'AGLIO 176
    INGREDIENTI 176
    Elaborazione 176
    TRUCCO 177

Il nasello al sidro con la mela compete con la menta 178
    INGREDIENTI 178
    Elaborazione 178
    TRUCCO 179

SALMONE MARINATO 180
    INGREDIENTI 180
    Elaborazione 180
    TRUCCO 180

Trota con formaggio blu 181
    INGREDIENTI 181
    Elaborazione 181
    TRUCCO 181

Tataki di tonno marinato alla soia 183
    INGREDIENTI 183

Elaborazione 183

TRUCCO 183

Torta di nasello 185

INGREDIENTI 185

Elaborazione 185

TRUCCO 186

PEPERONI RIPIENI DI COD 187

INGREDIENTI 187

Elaborazione 187

TRUCCO 188

RABAS 189

INGREDIENTI 189

Elaborazione 189

TRUCCO 189

SOLDATI DI PAVIA 190

INGREDIENTI 190

Elaborazione 190

TRUCCO 191

Frittelle di gamberi 192

INGREDIENTI 192

Elaborazione 192

TRUCCO 192

TROTA A NAVARRA 194

INGREDIENTI 194

Elaborazione 194

TRUCCO 194

CROSTATA DI STELLA DI SALMONE CON AVOCADO 195
    INGREDIENTI 195
    Elaborazione..195
    TRUCCO 195

Capesante alla galiziana..197
    INGREDIENTI 197
    Elaborazione..197
    TRUCCO 198

POLLO IN SALSA CON FUNGHI 199
    INGREDIENTI 199
    Elaborazione..199
    TRUCCO 200

POLLO MARINO CON MELA.. 201
    INGREDIENTI 201
    Elaborazione... 201
    TRUCCO 201

SPEZZATINO DI POLLO CON POLLO POLLO 202
    INGREDIENTI 202
    Elaborazione... 202
    TRUCCO 203

BISTECCA DI POLLO ALLA MADRILEÑA 204
    INGREDIENTI 204
    Elaborazione... 204
    TRUCCO 204

FRICANDÓ DI POLLO CON FUNGHI SHIITAKE......................... 205
    INGREDIENTI 205

Elaborazione 205

TRUCCO 206

Quark FATTO IN CASA con miele e noci 208

INGREDIENTI 208

Elaborazione 208

TRUCCO 208

BISCOTTI AL CAFFÈ 209

INGREDIENTI 209

Elaborazione 209

TRUCCO 209

TORTA DI MELE AMERICANA 210

INGREDIENTI 210

Elaborazione 210

TRUCCO 211

CONIGLI AL CIOCCOLATO CON MANDORLE TOSTATE

INGREDIENTI

1 coniglio

60 g di cioccolato fondente grattugiato

1 bicchiere di vino rosso

1 rametto di timo

1 rametto di rosmarino

1 foglia di alloro

2 carote

2 spicchi d'aglio

1 cipolla

brodo di pollo (o acqua)

Mandorle tostate

Olio extravergine d'oliva

sale e pepe

Elaborazione

Tritare il coniglio, condirlo e rosolarlo in una pentola molto calda. Rimuovi e prenota.

Nello stesso olio soffriggere a fuoco basso le cipolle, le carote e gli spicchi d'aglio tagliati a pezzetti.

Aggiungere la foglia di alloro e i rametti di timo e rosmarino. Bagnare con il vino, il brodo e cuocere a fuoco basso per 40 minuti. Aggiustare di sale ed eliminare il coniglio.

Passare la salsa attraverso un frullatore e rimetterla nella pentola. Aggiungete il coniglio e il cioccolato e mescolate fino a quando non si saranno sciolti. Cuocere per altri 5 minuti per permettere ai sapori di amalgamarsi.

TRUCCO

Terminare con mandorle tostate. L'aggiunta di pepe di cayenna o peperoncino conferisce un tocco piccante.

CRIADILLAS DI AGNELLO DI RAZZA ALLE ERBE FINE

INGREDIENTI

12 unità di criadillas di agnello

1 cucchiaino di rosmarino fresco

1 cucchiaino di timo fresco

1 cucchiaino di prezzemolo fresco

Farina, uova e pangrattato (per spennellare)

olio d'oliva

sale e pepe

Elaborazione

Pulite le criadillas eliminando le due membrane che le circondano. Lavateli bene con acqua e un po' di aceto, poi scolateli e asciugateli.

Tagliare e condire le criadillas. Mescolare un po' di pangrattato con le erbe fresche tritate finemente. Aggiungete la farina, l'uovo e il pangrattato e friggete in abbondante olio ben caldo.

TRUCCO

Puoi realizzare un impasto più divertente e creativo sostituendo il pangrattato con i biscotti tritati.

SCALOPE ALLA MILANESASE

INGREDIENTI

4 bistecche di manzo

150 g di pangrattato

100 g di parmigiano

2 uova

Farina

olio d'oliva

sale e pepe

Elaborazione

Condire i filetti, spolverarli di farina e passarli nell'uovo sbattuto e in un composto di pane e parmigiano grattugiato.

Pressate bene in modo che il pangrattato aderisca bene e friggete in abbondante olio ben caldo.

TRUCCO

L'accompagnamento perfetto per questo piatto sono gli spaghetti al pomodoro.

STUFATO DI CARNE AL GIARDINO

INGREDIENTI

1 kg di carne di sanguinaccio

100 g di funghi

1 bicchiere di vino rosso

3 cucchiai di pomodoro fritto

1 rametto di timo

1 rametto di rosmarino

1 foglia di alloro

2 carote

1 cipolla

2 chiodi di garofano

1 lattina piccola di piselli

brodo di carne (o acqua)

olio d'oliva

sale e pepe

Elaborazione

Tritare la carne, condirla e friggerla a fuoco vivace. Rimuovi e prenota.

Nello stesso olio soffriggere le cipolle e le carote tagliate a cubetti. Aggiungete nuovamente la carne e bagnate con il vino rosso. Lasciare bollire e aggiungere i pomodori fritti, l'alloro, i chiodi di garofano e i rametti di timo e rosmarino.

Coprire con il brodo e far stufare fino a quando la carne sarà tenera. Poco prima della fine della cottura aggiungere i piselli ed i funghi trifolati e tagliati in quarti.

TRUCCO

L'aggiunta di una stecca di cannella durante la cottura conferisce allo spezzatino un tocco sorprendente.

Flamenquins

INGREDIENTI

8 bistecche di prosciutto o di lombo di maiale

8 fette di prosciutto serrano

8 fette di formaggio

Farina, uova e pangrattato (per spennellare)

olio d'oliva

sale e pepe

Elaborazione

Condire e distribuire i filetti. Riempire con una fetta di prosciutto e un'altra di formaggio e arrotolare.

Aggiungete la farina, l'uovo sbattuto e il pangrattato e friggete in abbondante olio ben caldo.

TRUCCO

Per renderlo ancora più divertente potete sostituire il pangrattato con granola tritata o kikos.

Vitello fricando

INGREDIENTI

Filetti di manzo da 1 kg

300 g di funghi

Brodo di manzo da 250 cl

Acquavite da 125 cl

3 pomodori

1 cipolla

1 mazzo di erbe aromatiche (timo, rosmarino, alloro...)

1 carota

Farina

olio d'oliva

sale e pepe

Elaborazione

Condire e infarinare la carne. Friggere in poco olio a fuoco medio e togliere.

Fate soffriggere le carote e le cipolle tagliate a pezzetti nello stesso olio in cui sono stati preparati i filetti. Quando saranno morbide aggiungete i pomodorini grattugiati. Friggere bene finché il pomodoro non avrà perso tutta l'acqua.

Alzare la fiamma e aggiungere i funghi. Cuocere per 2 minuti quindi aggiungere il brandy. Lasciate evaporare e aggiungete nuovamente le capesante.

Coprire con il brodo e aggiungere le erbe aromatiche. Regolate di sale e fate cuocere a fuoco basso per 30 minuti o fino a quando la carne sarà tenera. Coprite e lasciate riposare per altri 30 minuti.

TRUCCO

Se non è stagione dei funghi potete utilizzare quelli secchi. Il gusto è incredibile.

Porridge con chorizo e salsicce

INGREDIENTI

10 salsicce fresche

2 salsicce

4 cucchiai colmi di farina di grano duro

1 cucchiaio di paprika

1 fegato di maiale

1 spicchio d'aglio

2 dl di olio d'oliva

Sale

Elaborazione

Tagliare a pezzetti il chorizo e le salsicce. Friggere con l'olio a fuoco medio. Rimuovi e prenota.

Nello stesso olio fate soffriggere i cubetti di fegato e metà dell'aglio. Togliere e pestare in un mortaio. Prenotazioni.

Nello stesso olio soffriggere l'aglio tritato rimasto, aggiungere la paprika in polvere e un po' di farina.

Mescolare senza fermarsi finché la farina non sarà più cruda. Aggiungere 7 dl di acqua e cuocere mescolando. Aggiungere il mortaio e il pestello, le salsicce e i chorizos. Aggiungere sale e mescolare.

TRUCCO

Un buon contorno è un po' di aglio giovane grigliato.

LACON CON PUNTE DI BARBABIETOLA

INGREDIENTI

1½ kg di carne di maiale fresca

1 mazzo grande di cime di rapa

3 salsicce

2 patate grandi

1 cipolla media

Paprica (dolce o piccante)

olio d'oliva

Sale

Elaborazione

Cuocere la spalla di maiale con abbondante acqua, sale e cipolla per circa 2 ore.

Quando mancano 30 minuti alla fine della cottura, aggiungere il chorizo e le patate spesse cachelada (strappate, non affettate).

A parte, fate cuocere le cime di bietola in acqua bollente per 10 minuti. Scolare e riservare.

Disporre la spalla di maiale, i chorizos, le patate e le cime di rapa nei piatti e cospargere con paprika dolce o piccante.

TRUCCO

Si consiglia di cuocere le cime di bietola a parte in quanto l'acqua di cottura è amara.

Fegato di vitello in salsa al vino rosso

INGREDIENTI

750 g di filetti di fegato di manzo

100 g di farina

75 g di burro

1 l di brodo di carne

400 ml di vino rosso

2 cipolle grandi

olio d'oliva

sale e pepe

Elaborazione

Far bollire il vino finché il suo volume non sarà ridotto della metà.

Nel frattempo, aggiungi 1 cucchiaio di burro e un altro cucchiaio di farina in una casseruola. Fate rosolare a fuoco basso fino a quando la farina sarà leggermente tostata. Bagnare con vino e brodo mescolando. Cuocere per 15 minuti e condire con sale e pepe.

Condire e infarinare il fegato. Friggere su entrambi i lati in poco olio. Rimuovi e prenota.

Nello stesso olio soffriggere la cipolla tritata finemente a fuoco basso per 25 minuti. Aggiungi fegato e salsa. Scaldare (non bollire) e servire caldo.

TRUCCO

Potete sostituire il vino rosso con un vino bianco, con Lambrusco, Cava, un vino dolce, ecc.

Lepre brasata

INGREDIENTI

1 coniglio

1 l di brodo di carne

½ l di vino rosso

1 rametto di rosmarino

1 rametto di timo

4 spicchi d'aglio

2 pomodori

1 cipolla grande

1 carota

1 porro

olio d'oliva

sale e pepe

Elaborazione

Tritare il coniglio, condirlo e friggerlo. Rimuovi e prenota.

Tagliate a pezzetti l'aglio, la cipolla, la carota e il porro e fateli soffriggere per 20 minuti nello stesso olio in cui è stata preparata la lepre.

Aggiungete i pomodorini grattugiati e fate cuocere finché non avranno perso tutta l'acqua. Rimetti a posto il coniglio.

Bagnare con il vino e il brodo, aggiungere le erbe aromatiche e cuocere a fuoco basso per circa 1 ora finché la lepre sarà morbida.

TRUCCO

La lepre tagliata a pezzi può essere marinata nel vino e nel brodo per 24 ore insieme alle erbe e alle verdure tagliate a pezzetti. Il giorno successivo scolare il coniglio conservando il liquido e le verdure e cuocere come sopra descritto.

LONZA DI MAIALE CON PESCA

INGREDIENTI

Filetto di maiale intero da 1 kg

1 bicchiere di brodo di carne

1 confezione di zuppa di cipolle disidratata

1 bicchiere di pesche sciroppate

olio d'oliva

sale e pepe

Elaborazione

Condire la carne con sale e pepe e rosolarla su tutti i lati in una padella.

Aggiungere la pesca sciroppata e il brodo. Cuocere a fuoco molto basso per 1 ora fino a quando la pesca sarà quasi caramellata. A questo punto aggiungere la busta di zuppa di cipolle e cuocere per altri 5 minuti.

Togliere il lombo e mescolare la salsa. Porzionare il lombo e la salsa.

TRUCCO

Potete fare la stessa cosa con l'ananas sciroppato e anche con il filetto di maiale, ma con il tempo di cottura ridotto della metà.

SLIM ENTOMATO

INGREDIENTI

1kg di carne di maiale magra

1 barattolo di polpa di pomodoro da 800 g l'uno

1 rametto di timo fresco

1 cipolla grande

2 spicchi d'aglio

Brandy

Zucchero

olio d'oliva

sale e pepe

Elaborazione

Condire la carne magra e friggerla a fuoco vivace. Rimuovere e riservare la carne.

Nello stesso olio fate soffriggere la cipolla tagliata alla brunoise e l'aglio. Aggiungete nuovamente la bevanda magra e coprite con una spruzzata di brandy.

Lasciare bollire per 2 minuti, aggiungere la scatoletta di pomodori e il rametto di timo e cuocere a fuoco basso finché la carne sarà tenera.

Aggiungere sale e zucchero e cuocere per altri 5 minuti.

TRUCCO

Potete anche far rosolare dei buoni funghi e aggiungerli allo spezzatino.

PANTALONI DI MAIALE BRASATO

INGREDIENTI

4 zampe di maiale

100 g di prosciutto serrano

1 bicchiere di vino bianco

1 cucchiaino piccolo di farina

1 cucchiaio di paprika

4 spicchi d'aglio

2 pomodori

2 cipolle

1 foglia di alloro

1 carota

1 pepe di cayenna

olio d'oliva

sale e 10 grani di pepe

Elaborazione

Una volta che iniziano a bollire, lessare gli zampetti in acqua fredda per 1 minuto. Cambiate l'acqua e ripetete l'operazione tre volte. Cuocere poi con 1 cipolla, la carota, 2 spicchi d'aglio, l'alloro, il pepe in grani e il sale per 2 ore e mezza finché la carne non si staccherà facilmente dall'osso. Prenota il brodo.

Tritare finemente l'altra cipolla e l'aglio rimasto. Soffriggere insieme al prosciutto a dadini e al pepe di cayenna per circa 10 minuti. Aggiungere la farina e la paprika. Friggere per 10 secondi e aggiungere i pomodorini grattugiati. Cuocere finché tutta l'acqua non sarà persa. Bagnare con il vino e cuocere a fuoco vivace finché non si sarà ridotto e la salsa sarà quasi asciutta. Rimuovere. Bagnare con 200 ml di brodo dell'arrosto e continuare a mescolare affinché non si attacchi. Cuocere a fuoco basso per 10 minuti e regolare di sale. Disossare gli zampetti, unirli al sugo e cuocere per altri 2 minuti.

TRUCCO

Le manine possono essere riempite con tutto ciò che desideri. Vi basterà arrotolarli con la pellicola trasparente e lasciarli raffreddare. Poi non vi resta che tagliarli a fette spesse, spolverarli di farina, friggerli e cuocerli nel sugo.

briciole

INGREDIENTI

1 pagnotta di pane raffermo

200 g di chorizo

200 g di prosciutto

4 peperoni verdi italiani

1 spicchio d'aglio

Elaborazione

Tagliate la pagnotta a cubetti e inumiditela con acqua (non deve risultare molliccia).

Fate soffriggere l'aglio con la buccia e schiacciato in una padella ampia e tenete da parte. Tagliare il chorizo e il prosciutto e friggerli nella stessa padella. Rimuovi e prenota.

Friggere il pane nello stesso olio in cui è stato preparato il chorizo a fuoco basso per 30 minuti. Mescolare fino a quando il pane sarà friabile ma non asciutto. Aggiungere gli ingredienti rimanenti e mescolare ancora in modo che le briciole si mescolino con il chorizo e il prosciutto.

TRUCCO

Con le migas si possono servire sarde, uva, uova fritte, ecc.

Lombo di maiale ripieno

INGREDIENTI

Lombo di maiale aperto da 800 g

200 g di fette di prosciutto serrano

175 g di pancetta affettata

90 g di noci assortite

75 g di strutto

750 ml di brodo di carne

150 ml di vino bianco

1 cucchiaio colmo di amido di mais

4 uova

sale e pepe

Elaborazione

Condire il lombo e spennellarlo con l'uovo sbattuto. Riempire con fette di prosciutto, pancetta, noci e 3 uova sode e tagliare in quarti.

Chiudere con un carrè e cospargere di strutto. Friggere su tutti i lati in una padella calda. Disporre su una teglia e infornare a 180°C per 30 minuti. Versare il brodo ogni 5 minuti.

Lasciare riposare la carne fuori dalla teglia per 5 minuti.

Raccogliere il succo dalla teglia, aggiungere il vino e scaldare nuovamente il tutto in un pentolino. Portare a ebollizione e aggiungere l'amido di mais diluito in poca acqua fredda. Regolare sale e pepe.

Sfilettare il lombo e la salsa.

TRUCCO

Il riposo della carne è importante perché aiuta a garantire che i succhi non vadano persi e che i sapori siano omogeneizzati.

VITELLO CARBONARA

INGREDIENTI

8 bistecche di manzo

500 g di cipolle

100 g di burro

½ l di brodo di carne

1 bottiglia di birra

1 foglia di alloro

1 rametto di timo

1 rametto di rosmarino

Farina

olio d'oliva

sale e pepe

Elaborazione

Condire e infarinare i filetti. Friggere leggermente su entrambi i lati nel burro. Rimuovi e prenota.

Soffriggere le cipolle tritate finemente nel burro. Coprite la pentola e fate cuocere a fuoco basso per 30 minuti.

Aggiungi filetti e birra. Cuocere a fuoco medio fino a quando la salsa sarà quasi asciutta.

Versare il brodo di carne e aggiungere le erbe aromatiche. Cuocere a fuoco basso fino a quando la carne sarà tenera. Regolate di sale e lasciate riposare con la pentola chiusa per 20 minuti.

TRUCCO

Se la carne è troppo cotta, diventerà dura e dovrà essere cotta più a lungo finché non diventerà nuovamente morbida. È meglio controllare la durezza ogni 5-10 minuti.

GAZZIERI DI AGNELLO CON CASCATE DI PIETRA

INGREDIENTI

Stomaco di agnello da 500 g

250 g di funghi porcini

1 bicchiere di vino sherry

1 erba cipollina

1 spicchio d'aglio

Prezzemolo

olio d'oliva

sale e pepe

Elaborazione

Rinfrescare gli stomaci in abbondante acqua fredda per almeno 2 ore, cambiando l'acqua due o tre volte. Lessateli poi in un pentolino con acqua fredda. Dopo il primo bollore, lasciar riposare per 10 secondi, togliere e lasciar raffreddare. Eliminare tutta la pelle, il grasso e sfilettare.

Fate soffriggere la cipolla e l'aglio tritati in una padella calda. Alzare la fiamma e aggiungere le animelle salate. Fate rosolare per 2 minuti e aggiungete i funghi porcini puliti e sfilettati. Cuocere per 2 minuti e sfumare con il vino. Lasciare cuocere a fuoco basso per circa 20 minuti.

TRUCCO

La riuscita di questo piatto sta nella pazienza nel pulire il ventriglio. Altrimenti diventano amari e hanno un cattivo sapore.

OSSOBUCO DI VITELLO ALL'ARANCIA

INGREDIENTI

8 ossobuchi

1 l di brodo di carne

1 bicchiere di vino bianco

2 cucchiai di aceto di vino

1 cipolla

1 mazzo di erbe aromatiche (timo, rosmarino, alloro...)

2 carote

2 chiodi di garofano

½ arancia grattugiata

Succo di 2 arance

Succo di mezzo limone

1 cucchiaio di zucchero

burro

olio d'oliva

sale e pepe

Elaborazione

In una ciotola mescolare la cipolla tagliata a julienne, le carote tagliate a pezzetti, il succo, i chiodi di garofano, le erbe aromatiche e il vino bianco. Condire gli ossobuchi con sale e pepe e lasciarli marinare in questa miscela per 12 ore. Scolare e riservare il liquido.

Asciugate la carne e fatela soffriggere in una pentola a fuoco molto alto.

A parte friggere le verdure marinate nell'olio e aggiungere gli ossobuchi. Brasare fino a quando sarà tenero. Aggiungere il liquido messo da parte e cuocere a fuoco vivace per 5 minuti. Bagnare con il brodo di carne. Coprire e cuocere finché l'osso non si stacca facilmente, circa 3 ore.

Nel frattempo preparate il caramello con zucchero e aceto. Versare sopra la salsa. Aggiungere un po' di burro e la scorza d'arancia. Cuocere con la carne per qualche minuto.

TRUCCO

È importante che la pentola in cui si friggono gli ossobuchi sia ben calda in modo che la carne diventi molto più succosa.

SALSICCE AL VINO

INGREDIENTI

20 salsicce fresche

2 cipolle tagliate a julienne

½ l di vino bianco

1 cucchiaio di farina

2 foglie di alloro

olio d'oliva

sale e pepe

Elaborazione

Friggere le salsicce a fuoco vivace. Rimuovi e prenota.

Tagliate le cipolle a julienne e fatele soffriggere a fuoco basso nello stesso olio delle salsicce per 40 minuti. Aggiungere la farina e friggere per 5 minuti. Riaggiungete le salsicce, bagnate con il vino e aggiungete le foglie di alloro.

Cuocere per 20 minuti fino a quando tutto l'alcool sarà evaporato e condire con sale e pepe.

TRUCCO

Potete realizzare un'ottima versione aggiungendo il Lambrusco al posto del vino bianco.

TORTA DI CARNE INGLESE

INGREDIENTI

800 g di carne macinata

800 g di patate

2 bicchieri di vino rosso

1 bicchiere di brodo di pollo

4 tuorli d'uovo

4 spicchi d'aglio

2 pomodori medi maturi

2 cipolle

4 carote

Parmigiano

timo

origano

olio d'oliva

sale e pepe

Elaborazione

Sbucciare, tagliare e cuocere le patate. Prenotazioni. Grattugiare l'aglio, le cipolle e le carote.

Condire e friggere la carne. Aggiungete poi le verdure e fatele cuocere bene. Aggiungete i pomodorini grattugiati e fate rosolare. Bagnare con il vino e lasciare ridurre. Versare il brodo e attendere che la salsa sia quasi asciutta. Aggiungi timo e origano.

Passare le patate al passaverdure, aggiustare di sale e pepe e aggiungere il parmigiano grattugiato finemente e 4 tuorli d'uovo.

Disporre la carne ben stretta in uno stampo e ricoprirla con la purea e il parmigiano grattugiato grossolanamente. Infornare a 175°C per 20 minuti.

TRUCCO

Si può accompagnare con una buona salsa di pomodoro o anche con una salsa barbecue.

QUAGLIA MARINATA E FRUTTI ROSSI

INGREDIENTI

4 quaglie

150 g di frutti rossi

1 bicchiere di aceto

2 bicchieri di vino bianco

1 carota

1 porro

1 spicchio d'aglio

1 foglia di alloro

Farina

1 bicchiere di olio

Sale e pepe in grani

Elaborazione

Infarinare e condire le quaglie e friggerle in pentola. Rimuovi e prenota.

Nello stesso olio fate soffriggere le carote e i porri tagliati a bastoncini e l'aglio a fettine. Quando le verdure saranno morbide, aggiungere olio, aceto e vino.

Aggiungere la foglia di alloro e il pepe. Aggiustare di sale e cuocere insieme ai frutti rossi per 10 minuti.

Aggiungere la quaglia e friggerla per altri 10 minuti finché sarà tenera. Lasciarlo coperto e fuori dal fuoco.

TRUCCO

Questo cetriolo, insieme alla carne di quaglia, costituisce un meraviglioso condimento e un contorno per una buona insalata di germogli.

POLLO AL LIMONE

INGREDIENTI

1 pollo

30 g di zucchero

25 g di burro

Brodo di pollo da 1 litro

1 dl di vino bianco

Succo di 3 limoni

1 cipolla

1 porro

olio d'oliva

sale e pepe

Elaborazione

Tagliare e condire il pollo. Friggere a fuoco alto e rimuovere.

Sbucciare la cipolla, pulire il porro e tagliarlo a julienne. Friggere le verdure nello stesso olio in cui è stato cotto il pollo. Versare il vino e lasciar sfumare.

Aggiungere il succo di limone, lo zucchero e il brodo. Cuocere per 5 minuti e aggiungere nuovamente il pollo. Cuocere a fuoco basso per altri 30 minuti. Regolare sale e pepe.

TRUCCO

Affinché la salsa risulti più fluida e senza pezzi di verdure, è meglio schiacciarla.

POLLO SAN JACOBO CON PROSCIUTTO SERRANO, TORTA CASAR E RUGOLA

INGREDIENTI

8 filetti di pollo sottili

Torta Casar da 150 g

Rucola da 100 g

4 fette di prosciutto serrano

Farina, uova e cereali (per spennellare)

olio d'oliva

sale e pepe

Elaborazione

Condire i filetti di pollo con sale e pepe e cospargerli con il formaggio. Disporre su uno la rucola e il prosciutto serrano e adagiarne un altro sopra per sigillare. Fai lo stesso con il resto.

Passateli nella farina, nell'uovo sbattuto e nel grano tritato. Friggere in abbondante olio ben caldo per 3 minuti.

TRUCCO

Può essere condito con popcorn tritati, kikos e persino vermi. Il risultato è molto divertente.

POLLO AL CURRY AL FORNO

INGREDIENTI

4 cosce di pollo (a persona)

1 l di panna

1 erba cipollina o cipolla

2 cucchiai di curry

4 yogurt naturali

Sale

Elaborazione

Tagliate la cipolla a pezzetti e mescolatela in una ciotola con lo yogurt, la panna e il curry. Con il sale.

Tagliate il pollo in pochi pezzi e fatelo marinare nella salsa allo yogurt per 24 ore.

Infornare a 180°C per 90 minuti, togliere il pollo e servire con la salsa montata.

TRUCCO

Se avanza del sugo potete utilizzarlo per preparare delle deliziose polpette.

POLLO AL VINO ROSSO

INGREDIENTI

1 pollo tritato

½ l di vino rosso

1 rametto di rosmarino

1 rametto di timo

2 spicchi d'aglio

2 porri

1 peperone rosso

1 carota

1 cipolla

zuppa di pollo

Farina

olio d'oliva

sale e pepe

Elaborazione

Condire il pollo e rosolarlo in una casseruola molto calda. Rimuovi e prenota.

Tagliate le verdure a pezzetti e fatele soffriggere nello stesso olio in cui è stato fritto il pollo.

Sfumare con il vino, aggiungere le erbe aromatiche e cuocere a fuoco vivace fino a ridurlo, circa 10 minuti. Aggiungete nuovamente il pollo e coprite con il brodo fino a coprirlo. Far cuocere per altri 20 minuti o fino a quando la carne sarà tenera.

TRUCCO

Se volete una salsa più liquida e senza pezzi, frullate la salsa e filtratela.

POLLO FRITTO CON BIRRA NERA

INGREDIENTI

4 cosce di pollo

Birra nera da 750 ml

1 cucchiaio di cumino

1 rametto di timo

1 rametto di rosmarino

2 cipolle

3 spicchi d'aglio

1 carota

sale e pepe

Elaborazione

Tagliare la cipolla, la carota e l'aglio a julienne. Disporre il timo e il rosmarino sul fondo di una teglia e adagiarvi sopra le cipolle, le carote e l'aglio. E poi i mozziconi di pollo, con la pelle rivolta verso il basso, conditi con sale e un pizzico di cumino. Infornare a 175°C per circa 45 minuti.

Dopo 30 minuti bagnare con la birra, girare i tronchetti e cuocere per altri 45 minuti. Quando il pollo sarà fritto, toglietelo dalla teglia e mescolate la salsa.

TRUCCO

Se aggiungi 2 mele arrosto tagliate a metà e le frulla insieme alla salsa rimanente, il gusto sarà ancora migliore.

Pernice al cioccolato

INGREDIENTI

4 pernici

½ l di brodo di pollo

½ bicchiere di vino rosso

1 rametto di rosmarino

1 rametto di timo

1 erba cipollina

1 carota

1 spicchio d'aglio

1 pomodoro grattugiato

Cioccolato

olio d'oliva

sale e pepe

Elaborazione

Condire e friggere le pernici. Prenotazioni.

Fate soffriggere nello stesso olio a temperatura media la carota, l'aglio e l'erba cipollina tritati finemente. Alzare la fiamma e aggiungere il pomodoro. Cuocere fino a perdere l'acqua. Versare il vino e farlo sfumare quasi completamente.

Bagnare con il brodo e aggiungere le erbe aromatiche. Cuocere a fuoco basso finché le pernici saranno tenere. Aggiustare di sale. Togliere dal fuoco e aggiungere il cioccolato se desiderato. Rimuovere.

TRUCCO

Per dare al piatto un tocco piccante potete aggiungere del pepe di cayenna, e se lo volete più croccante aggiungete delle nocciole o delle mandorle tostate.

Quarti di tacchino arrosto con salsa ai frutti rossi

INGREDIENTI

4 pannocchie di tacchino

250 g di frutti rossi

½ litro di spumante

1 rametto di timo

1 rametto di rosmarino

3 spicchi d'aglio

2 porri

1 carota

olio d'oliva

sale e pepe

Elaborazione

Pulite il porro, le carote e l'aglio e tagliateli a julienne. Disponete queste verdure su una teglia insieme al timo, al rosmarino e ai frutti rossi.

Adagiate sopra i quarti di tacchino, conditi con un filo d'olio, con la pelle rivolta verso il basso. Infornare a 175°C per 1 ora.

Dopo 30 minuti, bagnare con cava. Girare la carne e arrostire per altri 45 minuti. Trascorso il tempo toglietelo dalla ciotola. Mescolare, filtrare e aggiungere sale alla salsa.

TRUCCO

Il tacchino è pronto quando le cosce e la parte inferiore delle zampe possono essere facilmente rimosse.

POLLO FRITTO CON SALSA DI PESCHE

INGREDIENTI

4 cosce di pollo

½ l di vino bianco

1 rametto di timo

1 rametto di rosmarino

3 spicchi d'aglio

2 pesche

2 cipolle

1 carota

olio d'oliva

sale e pepe

Elaborazione

Tagliare la cipolla, la carota e l'aglio a julienne. Sbucciare le pesche, tagliarle a metà e togliere il nocciolo.

Disporre il timo e il rosmarino sul fondo di una teglia insieme alla carota, alla cipolla e all'aglio. Disporre i mozziconi, conditi con un filo d'olio, con la pelle rivolta verso il basso e friggerli a 175°C per circa 45 minuti.

Dopo 30 minuti sfumare con il vino bianco, girare e far cuocere per altri 45 minuti. Quando il pollo sarà fritto, toglietelo dalla teglia e mescolate la salsa.

TRUCCO

Puoi aggiungere mele o pere all'arrosto. La salsa avrà un ottimo sapore.

FILETTO DI POLLO FARCITO CON SPINACI E MOZZARELLA

INGREDIENTI

8 filetti di pollo sottili

200 g di spinaci freschi

150 g di mozzarelle

8 foglie di basilico

1 cucchiaino di cumino macinato

Farina, uova e pangrattato (per spennellare)

olio d'oliva

sale e pepe

Elaborazione

Condire i petti su entrambi i lati con sale e pepe. Aggiungete sopra gli spinaci, il formaggio tritato e il basilico tritato e coprite con un altro filetto. Aggiungere la farina, l'uovo sbattuto e un composto di pangrattato e cumino.

Friggere per qualche minuto su ciascun lato ed eliminare l'olio in eccesso su carta assorbente.

TRUCCO

L'accompagnamento perfetto è una buona salsa di pomodoro. Questo piatto può essere preparato con il tacchino e anche con il controfiletto fresco.

POLLO FRITTO CON CAVA

INGREDIENTI

4 cosce di pollo

1 bottiglia di spumante

1 rametto di timo

1 rametto di rosmarino

3 spicchi d'aglio

2 cipolle

olio d'oliva

sale e pepe

Elaborazione

Tagliare la cipolla e l'aglio a julienne. Disporre il timo e il rosmarino sul fondo di una teglia, adagiarvi sopra le cipolle, sopra l'aglio e poi i gambi conditi, con la pelle rivolta verso il basso. Infornare a 175°C per circa 45 minuti.

Dopo 30 minuti bagnare con il cava, girare i bastoncini e cuocere per altri 45 minuti. Quando il pollo sarà fritto, toglietelo dalla teglia e mescolate la salsa.

TRUCCO

Un'altra variante della stessa ricetta è prepararla con il lambrusco o il vino dolce.

SPIEDINI DI POLLO CON SALSA DI ARACHIDI

INGREDIENTI

Petto di pollo da 600 g

150 g di arachidi

500 ml di brodo di pollo

200 ml di crema

3 cucchiai di salsa di soia

3 cucchiai di miele

1 cucchiaio di curry

1 pepe di cayenna tritato finemente

1 cucchiaio di succo di lime

olio d'oliva

sale e pepe

Elaborazione

Macinare molto bene le arachidi fino a formare una pasta. Mescolateli insieme in una ciotola con succo di lime, brodo, soia, miele, curry, sale e pepe. Tagliare i petti a pezzi e marinarli in questa miscela per una notte.

Togliere il pollo e infilarlo negli spiedini. Cuocere il composto precedente insieme alla panna a fuoco basso per 10 minuti.

Friggere gli spiedini in una padella a fuoco medio e servire con la salsa sopra.

TRUCCO

Si possono preparare con i mozziconi di pollo. Ma invece di rosolarle in padella, arrostitele al forno con sopra la salsa.

POLLO IN PEPITORIA

INGREDIENTI

1½ kg di pollo

250 g di cipolla

50 g di mandorle tostate

25 g di pane fritto

½ l di brodo di pollo

¼ l di buon vino

2 spicchi d'aglio

2 foglie di alloro

2 uova sode

1 cucchiaio di farina

14 fili di zafferano

150 g di olio d'oliva

sale e pepe

Elaborazione

Tritare il pollo, condirlo e tagliarlo a pezzi. Marrone e riservato.

Tagliate la cipolla e l'aglio a pezzetti e fateli soffriggere nello stesso olio in cui è stato preparato il pollo. Aggiungete la farina e fate soffriggere a fuoco basso per 5 minuti. Versare il vino e lasciar sfumare.

Bagnare con il brodo fino alla concentrazione di sale e cuocere per altri 15 minuti. Quindi aggiungere il pollo messo da parte insieme alle foglie di alloro e cuocere fino a quando il pollo sarà tenero.

Tostare a parte lo zafferano e aggiungerlo al mortaio insieme al pane fritto, alle mandorle e al tuorlo d'uovo. Macinatelo fino a formare una pasta e aggiungetelo allo spezzatino di pollo. Cuocere per altri 5 minuti.

TRUCCO

Non c'è miglior accompagnamento per questa ricetta di un buon riso pilaf. Si può servire con albumi d'uovo tritati e un po' di prezzemolo tritato finemente.

POLLO ALL'ARANCIA

INGREDIENTI

1 pollo

25 g di burro

Brodo di pollo da 1 litro

1 dl di vino rosato

2 cucchiai di miele

1 rametto di timo

2 carote

2 arance

2 porri

olio d'oliva

sale e pepe

Elaborazione

Condire il pollo tritato e friggerlo in olio d'oliva a fuoco vivace. Rimuovi e prenota.

Sbucciare, pulire e tagliare a julienne le carote e i porri. Friggere nello stesso olio in cui è stato rosolato il pollo. Versare il vino e cuocere a fuoco vivace finché non si sarà ridotto.

Aggiungere il succo d'arancia, il miele e il brodo. Cuocere per 5 minuti e aggiungere nuovamente i pezzi di pollo. Cuocere a fuoco basso per 30 minuti. Aggiungere il burro freddo e condire con sale e pepe.

TRUCCO

Potete friggere una bella manciata di noci e aggiungerle allo spezzatino a fine cottura.

Pollo brasato ai funghi porcini

INGREDIENTI

1 pollo

200 g di prosciutto serrano

200 g di funghi porcini

50 g di burro

600 ml di brodo di pollo

1 bicchiere di vino bianco

1 rametto di timo

1 spicchio d'aglio

1 carota

1 cipolla

1 pomodoro

olio d'oliva

sale e pepe

Elaborazione

Tagliare il pollo, condirlo e rosolarlo nel burro e un filo d'olio. Rimuovi e prenota.

Nello stesso grasso fate soffriggere la cipolla, la carota e l'aglio tagliati a pezzetti e il prosciutto tagliato a dadini. Alzare la fiamma e aggiungere i funghi porcini tritati. Cuocere per 2 minuti, aggiungere il pomodoro grattugiato e cuocere fino a perdere tutta l'acqua.

Aggiungete nuovamente i pezzi di pollo e coprite con il vino. Fare ridurre fino a quando la salsa sarà quasi asciutta. Bagnare con il brodo e aggiungere il timo. Cuocere a fuoco basso per 25 minuti o fino a quando il pollo sarà tenero. Aggiustare di sale.

TRUCCO

Utilizzare funghi di stagione o disidratati.

POLLO SALTATO CON NOCI E SOIA

INGREDIENTI

3 petti di pollo

70 g di uvetta

30 g di mandorle

30 g di anacardi

30 g di noci

30 g di nocciole

1 bicchiere di brodo di pollo

3 cucchiai di salsa di soia

2 spicchi d'aglio

1 pepe di cayenna

1 limone

Zenzero

olio d'oliva

sale e pepe

Elaborazione

Tagliate i petti a pezzi, salateli, pepateli e fateli rosolare in una padella a fuoco vivace. Rimuovi e prenota.

Friggere le noci in quest'olio insieme all'aglio grattugiato, un pezzetto di zenzero grattugiato, il pepe di cayenna e la scorza di limone.

Aggiungere l'uvetta, i petti riservati e la soia. Lasciare bollire per 1 minuto e bagnare con il brodo. Cuocere a fuoco medio per altri 6 minuti, aggiustando di sale se necessario.

TRUCCO

L'uso del sale non è praticamente necessario perché proviene quasi esclusivamente dalla soia.

POLLO AL CIOCCOLATO CON ALMEDES ARROSTO

INGREDIENTI

1 pollo

60 g di cioccolato fondente grattugiato

1 bicchiere di vino rosso

1 rametto di timo

1 rametto di rosmarino

1 foglia di alloro

2 carote

2 spicchi d'aglio

1 cipolla

brodo di pollo (o acqua)

Mandorle tostate

Olio extravergine d'oliva

sale e pepe

Elaborazione

Tagliare il pollo, condirlo e rosolarlo in una pentola molto calda. Rimuovi e prenota.

Nello stesso olio soffriggere a fuoco basso le cipolle, le carote e gli spicchi d'aglio tagliati a pezzetti.

Aggiungere la foglia di alloro e i rametti di timo e rosmarino. Bagnare con il vino, il brodo e cuocere a fuoco basso per 40 minuti. Regolate il sale e togliete il pollo.

Passare la salsa attraverso un frullatore e rimetterla nella pentola. Aggiungere il pollo e il cioccolato e mescolare fino a quando non si scioglie. Cuocere per altri 5 minuti per permettere ai sapori di amalgamarsi.

TRUCCO

Terminare con mandorle tostate. L'aggiunta di pepe di cayenna o peperoncino conferisce un tocco piccante.

SPIEDINI DI AGNELLO CON PAPRISON E VINAIGRETTE ALLA SENAPE

INGREDIENTI

350 g di agnello

2 cucchiai di aceto

1 cucchiaio raso di paprika

1 cucchiaio raso di senape

1 cucchiaio raso di zucchero

1 vaschetta di pomodorini

1 peperone verde

1 peperone rosso

1 cipolla piccola

1 cipolla

5 cucchiai di olio d'oliva

sale e pepe

Elaborazione

Pulite le verdure e tagliatele a quadratini di media grandezza, fatta eccezione per l'erba cipollina. Tagliare l'agnello a cubetti di uguali dimensioni. Assemblare gli spiedini alternando un pezzo di carne e un pezzo di verdura. Stagione. Friggere in una padella molto calda con un filo d'olio per 1 o 2 minuti su ciascun lato.

A parte, in una ciotola, mescolare la senape, la paprika, lo zucchero, l'olio, l'aceto e l'erba cipollina tagliata a pezzetti. Aggiustare di sale ed emulsionare.

Servite gli spiedini appena preparati con un po' di salsa alla paprika.

TRUCCO

Puoi anche aggiungere 1 cucchiaio di curry e un po' di scorza di limone alla vinaigrette.

Manzo ripieno al vino di Porto

INGREDIENTI

1 kg di pinna di manzo (apri il libro per riempirlo)

350 g di carne di maiale macinata

1kg di carote

1 kg di cipolle

100 g di pinoli

1 lattina piccola di peperoni piquillo

1 lattina di olive nere

1 confezione di pancetta

1 spicchio d'aglio

2 foglie di alloro

vino di Porto

Zuppa di carne

olio d'oliva

Sale e pepe in grani

Elaborazione

Condire la pinna su entrambi i lati con sale e pepe. Farcire con la carne di maiale, i pinoli, i peperoni tritati, le olive tagliate in quarti e la pancetta tagliata a listarelle. Arrotolatelo e mettetelo in una rete oppure legatelo con il filo di briglia. Friggere a fuoco molto alto, togliere e mettere da parte.

Tagliare a brunoise le carote, la cipolla e l'aglio e friggerli nello stesso olio in cui è stata fritta la carne di vitello. Rimetti la pinna. Aggiungere una spruzzata di vino di Porto e brodo di manzo fino a coprire tutto. Aggiungere 8 grani di pepe e le foglie di alloro. Coprite e fate cuocere a fuoco basso per 40 minuti. Girare ogni 10 minuti. Non appena la carne sarà morbida, toglietela e frullate la salsa.

TRUCCO

Il porto può essere sostituito con qualsiasi altro vino o champagne.

POLPETTE ALLA MADRILEÑA

INGREDIENTI

1 kg di carne macinata

500 g di carne di maiale macinata

500 g di pomodori maturi

150 g di cipolle

100 g di funghi

1 l di brodo di carne (o acqua)

2 dl di vino bianco

2 cucchiai di prezzemolo fresco

2 cucchiai di pangrattato

1 cucchiaio di farina

3 spicchi d'aglio

2 carote

1 foglia di alloro

1 uovo

Zucchero

olio d'oliva

sale e pepe

Elaborazione

Mescolare i due tipi di carne con il prezzemolo tritato, 2 spicchi d'aglio tagliati a dadini, il pangrattato, l'uovo, sale e pepe. Formare delle palline e friggerle in una casseruola. Rimuovi e prenota.

Nello stesso olio fate soffriggere la cipolla con l'altro aglio, aggiungete la farina e fate soffriggere. Aggiungere i pomodori e friggere per altri 5 minuti. Bagnare con il vino e cuocere per altri 10 minuti. Bagnare con il brodo e cuocere per altri 5 minuti. Macinare sale e zucchero e aggiustare. Cuocere le polpette nel sugo insieme all'alloro per 10 minuti.

A parte pulire, sbucciare e tagliare a cubetti le carote e i funghi. Friggere con un filo d'olio per 2 minuti e aggiungere allo spezzatino di polpette.

TRUCCO

Per rendere più gustoso il composto delle polpette, aggiungere 150 g di pancetta iberica fresca tritata. Per rendere le palline più succose, è meglio non premere troppo durante la preparazione.

GUANCE DI MANZO AL CIOCCOLATO

INGREDIENTI

8 guance di manzo

½ l di vino rosso

6 once di cioccolato

2 spicchi d'aglio

2 pomodori

2 porri

1 gambo di sedano

1 carota

1 cipolla

1 rametto di rosmarino

1 rametto di timo

Farina

brodo di carne (o acqua)

olio d'oliva

sale e pepe

Elaborazione

Condire le guance e friggerle in una pentola molto calda. Rimuovi e prenota.

Tagliate le verdure a brunoise e fatele soffriggere nella stessa pentola in cui sono state fritte le guance.

Quando le verdure saranno morbide, aggiungere i pomodorini grattugiati e cuocere fino a perdere tutta l'acqua. Aggiungete il vino e le erbe aromatiche e lasciate cuocere per 5 minuti. Cuocere e aggiungere brodo di manzo fino a coprire.

Cuocere fino a quando le guance saranno molto tenere, aggiungere il cioccolato a piacere, mescolare e condire con sale e pepe.

TRUCCO

La salsa può essere tritata oppure lasciata con le verdure intere.

TORTIETTO DI MAIALE CANDITO CON SALSA AL VINO DOLCE

INGREDIENTI

½ maialino da latte tritato

1 bicchiere di vino dolce

2 rametti di rosmarino

2 rametti di timo

4 spicchi d'aglio

1 piccola carota

1 cipolla piccola

1 pomodoro

Olio d'oliva delicato

Sale grosso

Elaborazione

Stendere il maialino da latte su una teglia e salarlo su entrambi i lati. Aggiungere l'aglio schiacciato e le spezie. Coprire con olio e cuocere a 100°C per 5 ore. Poi lasciatela raffreddare e disossatela, eliminando la carne e la pelle.

Disporre la carta da forno su una teglia. Distribuire la carne di maialino e adagiarvi sopra la pelle (alta almeno 2 dita). Mettete sopra un altro pezzo di carta da forno e mettetelo in frigo con un po' di peso sopra.

Nel frattempo preparate un brodo scuro. Tagliare le ossa e le verdure a pezzi di media grandezza. Arrostire le ossa a 185°C per 35 minuti, disporre le verdure sui lati e cuocere per altri 25 minuti. Togliere dal forno e irrorare con il vino. Mettete tutto in una pentola e coprite con acqua fredda. Cuocere a fuoco molto basso per 2 ore. Filtrare e rimettere sul fuoco finché non si sarà leggermente addensato. Sgrassare.

Tagliare la torta in porzioni e friggerla in una padella calda dal lato della pelle finché diventa croccante. Infornare a 180°C per 3 minuti.

TRUCCO

È un piatto più elaborato che difficile, ma il risultato è spettacolare. L'unico accorgimento per evitare che si rovini alla fine è servire la salsa sul lato della carne e non sopra.

TONDO DI MANZO BRASATO

INGREDIENTI

1 giro di manzo

250 ml di brodo di carne

250 ml di vino bianco

1 rametto di timo

1 rametto di rosmarino

3 spicchi d'aglio

2 carote

2 cipolle

1 pomodoro grattugiato

olio d'oliva

sale e pepe

Elaborazione

Condire l'impasto con sale e pepe, disporlo in una griglia e friggerlo in una casseruola molto calda. Rimuovi e prenota.

Friggere nello stesso olio le verdure tagliate a pezzetti. Una volta morbido, aggiungere il pomodoro grattugiato e cuocere fino a quando non avrà perso tutta l'acqua.

Versare il vino e lasciarlo ridurre a ¼ del suo volume. Rimettete la carne e bagnatela con il brodo. Aggiungere le erbe aromatiche.

Coprire e cuocere per 90 minuti o fino a quando la carne sarà tenera. Girare a metà cottura. Togliere la carne e frullare la salsa. Filtrare e aggiungere sale.

Sfilettare la carne e servire il filetto rotondo con la salsa.

TRUCCO

Si può preparare anche in forno a 180°C, girando a metà cottura.

RENI A JEREZ

INGREDIENTI

¾ kg di rognoni di maiale

150 ml di sherry

1 bicchiere di aceto

1 cucchiaio di paprika

1 cucchiaio raso di farina

2 spicchi d'aglio

1 cipolla

4 cucchiai di olio d'oliva

sale e pepe

Elaborazione

Immergere i rognoni puliti e tritati in acqua ghiacciata e 1 bicchiere di aceto per 3 ore. In una pentola fate bollire l'acqua e capovolgete il coperchio. Adagiate sopra i rognoni e lasciateli scaldare per 10 minuti finché non perderanno liquidi e impurità. Trascorso questo tempo lavare con abbondante acqua fredda.

Tritare finemente la cipolla e l'aglio. Friggere in olio a bassa temperatura per 10 minuti. Aumentare il fuoco e aggiungere sale e pepe fino a quando i rognoni saranno dorati.

Ridurre il fuoco e aggiungere farina e paprika. Friggere per 1 minuto e aggiungere lo sherry e 1 dl di acqua. Cuocere fino a quando tutto l'alcol sarà evaporato. Aggiustare di sale.

TRUCCO

La cosa più importante di questa ricetta è pulire a fondo i reni.

MILANESASI OSSOBUCO

INGREDIENTI

6 ossobuchi

250 g di carote

250 g di cipolla

¼ l di vino rosso

1 rametto di timo

½ spicchio d'aglio

1 foglia di alloro

1 pomodoro maturo grande

Sfondo di carne

olio d'oliva

sale e pepe

Elaborazione

Condire l'ossobuco con sale e pepe e friggerlo su entrambi i lati. Rimuovi e prenota.

Nello stesso olio fate soffriggere le carote, le cipolle e l'aglio tagliato a pezzetti. Salare e aggiungere il pomodoro grattugiato. Friggere a fuoco vivace finché tutta l'acqua non sarà persa.

Aggiungete nuovamente gli osso bucos, irrorate con il vino e fate cuocere per 3 minuti. Inumidire il fondo fino a coprire la carne. Aggiungere le spezie e cuocere fino a quando la carne si staccherà dall'osso. Aggiustare di sale.

TRUCCO

Se possibile, fate marinare tutte le verdure la sera prima con la carne, il vino e le erbe aromatiche. L'intensità del sapore aumenta.

SEGRETO IBERICO CON SALSA CHIMICHURRI FATTA IN CASA

INGREDIENTI

4 segreti iberici

2 cucchiai di aceto

1 cucchiaino di prezzemolo fresco

1 cucchiaino di paprica

1 cucchiaino di cumino macinato

3 foglie di basilico fresco

3 spicchi d'aglio

Succo di mezzo limone piccolo

200 ml di olio d'oliva

Sale

Elaborazione

Mescolare l'aglio sbucciato, il prezzemolo, il basilico, la paprika, l'aceto, il cumino, il succo di limone e l'olio e condire con sale.

Friggete i segreti in una padella ben calda per 1 minuto per lato. Servire subito e guarnire con la salsa.

TRUCCO

Macinare gli ingredienti nel mortaio rende i pezzi più completi.

VITELLO TONNATO

INGREDIENTI

1kg di manzo tondo

250 g di maionese

120 g di tonno in scatola, sgocciolato

100 ml di vino bianco secco

1 rametto di prezzemolo

1 cucchiaino di succo di limone

1 rametto di sedano

1 foglia di alloro

15 capperi

8 acciughe

1 cipolla

1 porro

1 carota

Sale

Elaborazione

Mettere sul fuoco 1 litro e mezzo di acqua, aggiungere le verdure mondate e tagliate a pezzi di media grandezza, il sale e il vino. Aggiungere la carne e cuocere a fuoco basso per 75 minuti. Lasciare raffreddare in acqua, scolare e conservare coperta in frigorifero. Tagliatela poi a fettine molto sottili.

Nel frattempo preparate una salsa mescolando maionese, tonno, capperi, acciughe e limone. Mescolare e versare sulla carne. Lasciare riposare, coperto, in frigorifero per un'altra ora.

TRUCCO

Questo può essere fatto anche arrostendo il tondo in forno per 90 minuti.

CODA DI BUE

INGREDIENTI

2 code di bue

2 l di brodo di carne

1 litro di vino rosso

3 cucchiai di salsa di pomodoro

1 rametto di timo

1 rametto di rosmarino

8 carote

4 gambi di sedano

2 peperoni italiani medi

2 cipolle medie

olio d'oliva

sale e pepe

Elaborazione

Tagliate a pezzetti le carote, i peperoni, le cipolle e il sedano e aggiungete le verdure in una pentola insieme alla coda alla vaccinara. Coprire con il vino e lasciare macerare per 24 ore. Filtrare le verdure e la coda e riservare il vino.

Condire e friggere la coda. Porta via. Friggere le verdure nello stesso olio con un po' di sale.

Aggiungete la salsa di pomodoro, aggiungete il vino e fate ridurre della metà a fuoco vivace. Aggiungere la coda alla vaccinara, il brodo e le erbe aromatiche. Cuocere a fuoco basso finché la carne non si staccherà facilmente dall'osso. Aggiustare di sale.

TRUCCO

Se aggiungete un pezzetto di burro alla salsa e mescolate, otterrete un composto molto lucido che potrete utilizzare per condire qualsiasi carne.

BROWNIE

INGREDIENTI

150 g di cioccolato di copertura

150 gr) Zucchero

100 g di burro

70 g di farina

50 g di nocciole

1 cucchiaino di lievito

2 uova

Sale

Elaborazione

Sciogliere con attenzione il cioccolato e il burro nel microonde. A parte sbattere le uova con lo zucchero per 3 minuti.

Unisci questi composti e aggiungi la farina setacciata, un pizzico di sale e il lievito. Mescolare ancora. Infine aggiungete le nocciole.

Preriscaldare il forno a 180°C. Versare l'impasto in una forma precedentemente unta e infarinata e cuocere in forno per 15 minuti.

TRUCCO

Quando le nocciole saranno incorporate, aggiungete anche delle nuvolette di caramelle tagliate a metà. La sorpresa è divertente.

SORBETTO AL LIMONE CON MENTA

INGREDIENTI

225 g di zucchero

½ l di succo di limone

Scorza di 1 limone

3 albumi

8 foglie di menta

Elaborazione

Scaldare ½ l di acqua e lo zucchero a fuoco basso per 10 minuti. Aggiungete le foglie di menta tagliate a julienne fine, la scorza e il succo di limone. Lasciare raffreddare e conservare nel congelatore (non deve congelare completamente).

Montare gli albumi a neve ferma e unirli al composto di limone. Congelare nuovamente e servire.

TRUCCO

Aggiungere un pizzico di sale mentre si montano gli albumi li renderà più stabili e fermi.

BUDINO DI RISO ASTURIANO

INGREDIENTI

100 g di riso

100 g di zucchero

100 g di burro

1 litro di latte

2 tuorli d'uovo

1 bastoncino di cannella

Scorza di 1 limone

Scorza di 1 arancia

Elaborazione

Far bollire il latte insieme alla scorza di agrumi e alla cannella a fuoco molto basso. Quando inizia a bollire aggiungere il riso e mescolare di tanto in tanto.

Quando il riso sarà quasi tenero, aggiungere lo zucchero e il burro. Cuocere per altri 5-10 minuti.

Aggiungete il tuorlo d'uovo dal fuoco e mescolate fino ad ottenere un composto omogeneo.

TRUCCO

Per un risultato ancora più sorprendente aggiungete 1 foglia di alloro durante la cottura.

LENTICCHIE AL CURRY CON MELA

INGREDIENTI

300 g di lenticchie

8 cucchiai di panna

1 cucchiaio di curry

1 mela dorata

1 rametto di timo

1 rametto di prezzemolo

1 foglia di alloro

2 cipolle

1 spicchio d'aglio

3 chiodi di garofano

4 cucchiai di olio

sale e pepe

Elaborazione

Cuocere le lenticchie insieme a 1 cipolla, aglio, alloro, timo, prezzemolo, chiodi di garofano, sale e pepe in acqua fredda per 1 ora.

A parte fate soffriggere nell'olio l'altra cipolla con la mela. Aggiungere il curry e mescolare.

Aggiungere le lenticchie nella casseruola di mele e cuocere per altri 5 minuti. Aggiungere la panna e mescolare delicatamente.

TRUCCO

Se avanzano delle lenticchie si possono fare una crema e servire con qualche gambero saltato.

POCHAS ALLA NAVARRA

INGREDIENTI

400 g di fagioli

1 cucchiaio di paprika

5 spicchi d'aglio

1 peperone verde italiano

1 peperone rosso

Pulisci 1 porro

1 carota

1 cipolla

1 pomodoro grande

olio d'oliva

Sale

Elaborazione

Pulite bene i fagioli. Copriteli d'acqua in una pentola insieme a peperoni, cipolle, porri, pomodori e carote. Lasciamo cuocere per circa 35 minuti.

Togliere le verdure e frullarle. Quindi aggiungetelo nuovamente allo spezzatino.

Tritate finemente l'aglio e fatelo soffriggere in poco olio. Togliere dal fuoco e aggiungere la paprika in polvere. Friggere cinque volte e aggiungere ai fagioli. Aggiustare di sale.

TRUCCO

Trattandosi di legumi freschi, il tempo di cottura è decisamente più breve.

LENTI A CONTATTO

INGREDIENTI

500 g di lenticchie

1 cucchiaio di paprika

1 carota grande

1 cipolla media

1 peperone grande

2 spicchi d'aglio

1 patata grande

1 punta di prosciutto

1 chorizo

1 sanguinaccio

Bacon

1 foglia di alloro

Sale

Elaborazione

Friggere le verdure tritate finemente fino a renderle leggermente morbide. Aggiungete il pepe e aggiungete 1 litro e ½ di acqua (si può sostituire con brodo vegetale o di carne). Aggiungere le lenticchie, la carne, la punta del prosciutto e l'alloro.

Togliere e mettere da parte il chorizo e il sanguinaccio quando sono morbidi in modo che non si rompano. Continuare la cottura delle lenticchie finché non saranno cotte.

Aggiungere i cubetti di patate e cuocere per altri 5 minuti. Aggiungi un pizzico di sale.

TRUCCO

Per dargli un tocco speciale aggiungete 1 stecca di cannella alle lenticchie durante la cottura.

MUSAKA DI FAGIOLI CON FUNGHI

INGREDIENTI

250 g di fagioli rossi cotti

500 g di salsa di pomodoro fatta in casa

200 g di funghi

100 g di formaggio grattugiato

½ bicchiere di vino rosso

2 melanzane

2 spicchi d'aglio

1 cipolla grande

½ peperone verde

½ peperone giallo

¼ peperoncino rosso

1 foglia di alloro

latte

origano

olio d'oliva

sale e pepe

Elaborazione

Tagliate le melanzane a fette e mettetele nel latte salato in modo che perdano la loro amarezza.

Tritare separatamente cipolla, aglio e pepe e farli soffriggere in una padella. Aggiungete i funghi e continuate a friggere. Versare il vino e farlo sfumare a fuoco vivace. Aggiungere la salsa di pomodoro, l'origano e l'alloro. Lasciamo cuocere per 15 minuti. Togliere dal fuoco e aggiungere i fagioli. Stagione.

Nel frattempo scolate le fette di melanzane, asciugatele bene e friggetele su entrambi i lati in poco olio.

Disporre gli strati di fagioli e melanzane in una pirofila fino ad esaurimento degli ingredienti. Terminare con uno strato di melanzane. Cospargere con formaggio grattugiato e infornare.

TRUCCO

Questa ricetta si sposa benissimo con lenticchie o legumi avanzati da altre preparazioni.

VIGIL POTAJE

INGREDIENTI

1kg di ceci

1 kg di merluzzo

500 g di spinaci

50 g di mandorle

3 litri di fumetto

2 cucchiai di salsa di pomodoro

1 cucchiaio di paprika

3 fette di pane fritto

2 spicchi d'aglio

1 peperone verde

1 cipolla

1 foglia di alloro

olio d'oliva

Sale

Elaborazione

Mettere a bagno i ceci per 24 ore.

Soffriggere la cipolla, l'aglio e i peperoni tagliati a cubetti in una pentola a fuoco medio. Aggiungere i peperoni, l'alloro e la salsa di pomodoro e bagnare con il brodo di pesce. Quando inizierà a bollire aggiungete i ceci. Quando sarà quasi tenero aggiungere il merluzzo e gli spinaci.

Nel frattempo schiacciate le mandorle con il pane fritto. Mescolare e aggiungere allo spezzatino. Cuocere per altri 5 minuti e regolare di sale.

TRUCCO

I ceci vanno messi nella pentola con acqua bollente, altrimenti diventeranno duri e perderanno molto facilmente il guscio.

POCHAS CON COCKLES

INGREDIENTI

400 g di fagioli

500 g di vongole

½ bicchiere di vino bianco

4 spicchi d'aglio

1 peperone verde piccolo

1 pomodoro piccolo

1 cipolla

1 porro

1 pepe di cayenna

Prezzemolo fresco tritato

olio d'oliva

Elaborazione

Mettete in una pentola i fagioli, il peperone, ½ cipolla, il porro pulito, 1 spicchio d'aglio e il pomodoro. Coprire con acqua fredda e cuocere fino a quando i legumi saranno teneri, circa 35 minuti.

A parte, fate soffriggere a fuoco vivo l'altra metà della cipolla, il pepe di cayenna e il restante aglio tritato molto finemente. Aggiungete le vongole e coprite con il vino.

Aggiungete ai fagioli le vongole con il loro sugo, aggiungete il prezzemolo e fate cuocere per altri 2 minuti. Aggiustare di sale.

TRUCCO

Immergere le vongole in acqua fredda con sale per due ore per allentare la terra.

AJOARRIERO COD

INGREDIENTI

400 g di merluzzo sbriciolato e dissalato

2 cucchiai di peperoncino chorizo idratato

2 cucchiai di salsa di pomodoro

1 peperone verde

1 peperone rosso

1 spicchio d'aglio

1 cipolla

1 peperoncino

olio d'oliva

Sale

Elaborazione

Tagliare le verdure a julienne e friggerle a fuoco medio fino a renderle molto morbide. Per salare.

Aggiungere i cucchiai di chorizo , salsa di pomodoro e peperoncino. Aggiungete il baccalà sbriciolato e fate cuocere per 2 minuti.

TRUCCO

È il ripieno perfetto per preparare una deliziosa empanada.

vongole al vapore di Jerez

INGREDIENTI

750 g di vongole

600 ml di vino sherry

1 foglia di alloro

1 spicchio d'aglio

1 limone

2 cucchiai di olio d'oliva

Sale

Elaborazione

Pulite le vongole.

In una pentola calda aggiungete 2 cucchiai di olio e fate soffriggere leggermente l'aglio tritato.

Aggiungere improvvisamente le vongole, il vino, l'alloro, il limone e il sale. Coprire e cuocere finché non si aprono.

Servire le vongole con la salsa.

TRUCCO

La sciacquatura prevede l'immersione delle cozze in acqua fredda con abbondante sale per eliminare sabbia e impurità.

TUTTO I PEBRE DE RAPE CON GAMBERI

INGREDIENTI

Per lo spezzatino di pesce

15 teste e corpi di gamberetti

1 testa o 2 lische della coda di rana pescatrice o coregone

Ketchup

1 erba cipollina

1 porro

Sale

Per lo spezzatino

1 coda di rana pescatrice grande (o 2 piccole)

Corpo di gamberetti

1 cucchiaio di paprika dolce

8 spicchi d'aglio

4 patate grandi

3 fette di pane

1 pepe di cayenna

Mandorle non pelate

olio d'oliva

sale e pepe

Elaborazione

Per lo spezzatino di pesce

Preparare il brodo di pesce friggendo i corpi dei gamberetti e la salsa di pomodoro. Aggiungere le lische o la testa della rana pescatrice e le verdure tagliate a julienne. Coprire con acqua e cuocere per 20 minuti, filtrare e aggiustare di sale.

Per lo spezzatino

Fate soffriggere l'aglio intero in una padella. Rimuovi e prenota. Friggere le mandorle nello stesso olio. Rimuovi e prenota.

Friggere il pane nello stesso olio. Ritirare.

Pestate in un mortaio l'aglio, una manciata di mandorle intere non pelate, le fette di pane e il pepe di cayenna.

Fate soffriggere la paprika in polvere nell'olio all'aglio, facendo attenzione a non bruciarla, ed aggiungetela al fumetto.

Aggiungere le patate cachelada e cuocere finché saranno tenere. Aggiungete la rana pescatrice salata e pepata e fate cuocere per 3 minuti. Aggiungere la purea e i gamberetti e cuocere per altri 2 minuti finché la salsa non si sarà addensata. Aggiustare di sale e servire caldo.

TRUCCO

Usate solo il fumo necessario a coprire le patate. Il pesce più utilizzato per questa ricetta è l'anguilla, ma si può preparare anche con qualsiasi pesce carnoso come lo spinarolo o il grongo.

PETTO ARROSTO

INGREDIENTI

1 orata pulita, eviscerata e friabile

25 g di pangrattato

2 spicchi d'aglio

1 peperoncino

Aceto

olio d'oliva

Sale

Elaborazione

Salare e oliare l'orata dentro e fuori. Cospargete la superficie con il pangrattato e infornate a 180°C per 25 minuti.

Nel frattempo fate rosolare l'aglio affettato e il peperoncino a fuoco medio. Versate una spruzzata di aceto dal fuoco e condite l'orata con questa salsa.

TRUCCO

La cesellatura prevede l'esecuzione di tagli su tutta la larghezza del pesce per aiutarlo a cuocere più velocemente.

Conchiglie MARINERA

INGREDIENTI

1 kg di cozze

1 bicchiere piccolo di vino bianco

1 cucchiaio di farina

2 spicchi d'aglio

1 pomodoro piccolo

1 cipolla

½ peperoncino

Colorante o zafferano (facoltativo)

olio d'oliva

Sale

Elaborazione

Mettere a bagno le cozze in acqua fredda con abbondante sale per qualche ora per eliminare eventuali residui di terriccio.

Dopo averle pulite, fate bollire le cozze nel vino e ¼ di litro d'acqua. Appena si aprono, togliete il liquido e conservatelo.

Tagliate la cipolla, l'aglio e il pomodoro a pezzetti e fateli soffriggere in un filo d'olio. Aggiungere il peperoncino e cuocere finché non sarà ben cotto.

Aggiungete il cucchiaio di farina e fate cuocere per altri 2 minuti. Bagnate con l'acqua di cottura delle cozze. Cuocere per 10 minuti e regolare di sale. Aggiungete le cozze e fate cuocere per un altro minuto. Ora aggiungi il colore o lo zafferano.

TRUCCO

Potete sostituire il vino bianco con uno dolce. La salsa è molto buona.

Merluzzo con pillpil

INGREDIENTI

4 o 5 filetti di merluzzo dissalati

4 spicchi d'aglio

1 peperoncino

½ l di olio d'oliva

Elaborazione

Soffriggere l'aglio e il peperoncino nell'olio d'oliva a fuoco basso. Toglieteli e lasciate che l'olio perda un po' della sua temperatura.

Aggiungere i lombi di merluzzo, con la pelle rivolta verso l'alto, e cuocere a fuoco basso per 1 minuto. Girare e lasciare riposare per altri 3 minuti. È importante che sia cotto nell'olio e non fritto.

Togliere il merluzzo e far decantare gradualmente l'olio fino a quando rimarrà solo la sostanza bianca (gelatina) rilasciata dal merluzzo.

Togliere dal fuoco e mantecare utilizzando un colino con una frusta o con movimenti circolari, incorporando poco alla volta l'olio decantato. Sbattere il pillpil per 10 minuti, mescolando continuamente.

Quando tutto sarà pronto rimettere il baccalà e mantecare per un altro minuto.

TRUCCO

Per dargli un tocco diverso aggiungete un osso di prosciutto o qualche erba aromatica all'olio in cui verrà cotto il baccalà.

Acciughe impanate alla birra

INGREDIENTI

Pulite le acciughe privandole delle lische

1 lattina di birra molto fredda

Farina

olio d'oliva

Sale

Elaborazione

Mettete la birra in una ciotola e aggiungete la farina, mescolando continuamente con una frusta, fino ad ottenere una consistenza densa che cola appena mentre le acciughe si impregnano.

Infine friggere in abbondante olio e sale.

TRUCCO

È possibile utilizzare qualsiasi tipo di birra. Con il nero sembra spettacolare.

SCULTURE NEL TUO INCHIOSTRO

INGREDIENTI

Calamari da 1½ kg

1 bicchiere di vino bianco

3 cucchiai di salsa di pomodoro

4 buste di nero di seppia

2 cipolle

1 peperone rosso

1 peperone verde

1 foglia di alloro

olio d'oliva

sale e pepe

Elaborazione

Friggere le cipolle e i peperoni tritati finemente a fuoco basso. Quando saranno fritti aggiungere i calamari puliti e tagliati a pezzetti. Alzare la fiamma e condire con sale e pepe.

Bagnare con vino bianco e lasciar sfumare. Aggiungete la salsa di pomodoro, gli involucri di calamari e la foglia di alloro. Coprite e fate cuocere a fuoco basso finché i calamari saranno teneri.

TRUCCO

Possono essere serviti con una buona pasta o anche con delle patatine fritte.

COD CLUB RANERO

INGREDIENTI

Merluzzo con pillpil

10 pomodorini maturi

4 peperoni chorizo

2 peperoni verdi

2 peperoni rossi

2 cipolle

Zucchero

Sale

Elaborazione

Arrostire i pomodori e i peperoni a 180 °C fino a quando saranno morbidi.

Una volta arrostiti i peperoni, lasciarli riposare coperti per 30 minuti, togliere la pelle e tagliarli a listarelle.

Sbucciare i pomodori e tritarli finemente. Fate soffriggere insieme alle cipolle tagliate a listarelle sottili e alla polpa dei peperoni chorizo (precedentemente ammollati in acqua calda per 30 minuti).

Aggiungete i peperoni arrostiti tagliati a listarelle e fate cuocere per 5 minuti. Regolare sale e zucchero.

Scaldare il pillpil insieme al baccalà e ai peperoni.

TRUCCO

Potete unire il pilpil ai peperoni oppure metterli come base, adagiarvi sopra il baccalà e condire con il pilpil. Funziona anche con una buona ratatouille.

SUOLA IN ARANCIONE

INGREDIENTI

4 suole

110 g di burro

110 ml di fumo

1 cucchiaio di prezzemolo fresco tritato

1 cucchiaino di paprica

2 arance grandi

1 limone piccolo

Farina

sale e pepe

Elaborazione

Sciogliere il burro in una padella. Infarinare e condire le sogliole. Friggere nel burro su entrambi i lati. Aggiungere la paprika, il succo d'arancia e di limone e il fumetto.

Cuocere a fuoco medio per 2 minuti finché la salsa non si sarà leggermente addensata. Decorare con prezzemolo e servire subito.

TRUCCO

Per ottenere più succo dagli agrumi, scaldateli nel microonde alla massima potenza per 10 secondi.

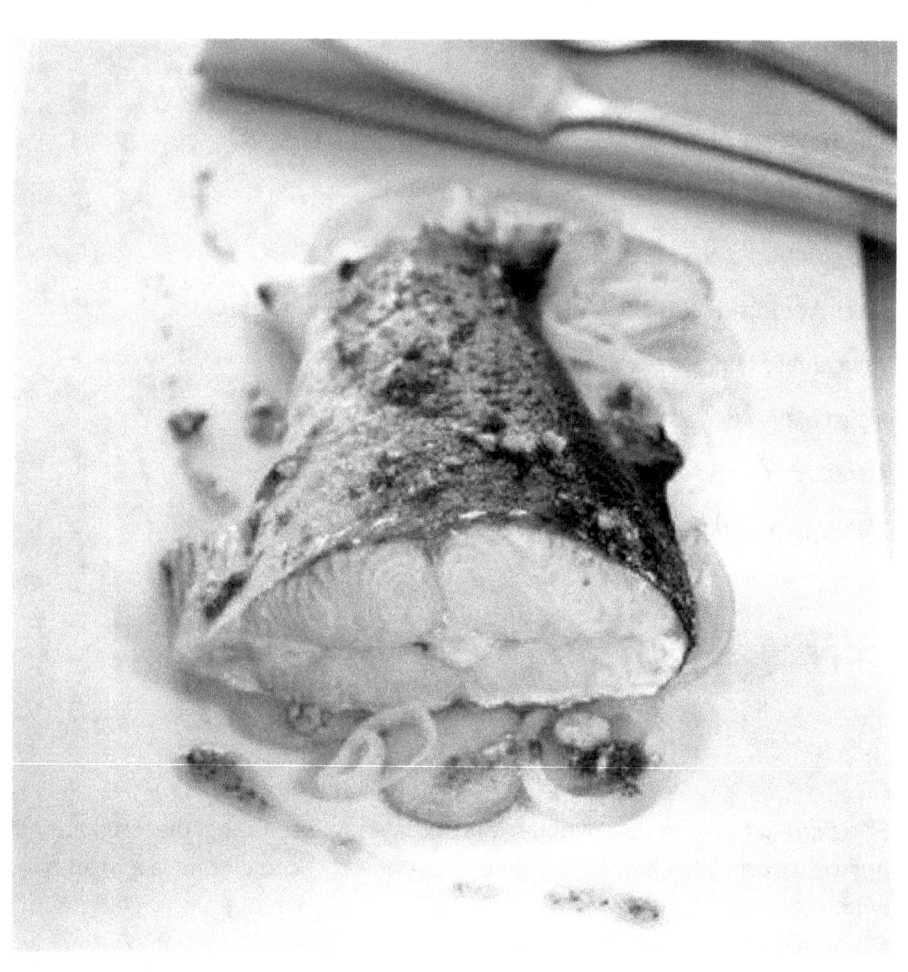

Nasello alla Riojana

INGREDIENTI

4 filetti di nasello

100 ml di vino bianco

2 pomodori

1 peperone rosso

1 peperone verde

1 spicchio d'aglio

1 cipolla

Zucchero

olio d'oliva

sale e pepe

Elaborazione

Tritare finemente la cipolla, il peperone e l'aglio. Friggere il tutto in padella a fuoco medio per 20 minuti. Alzate la fiamma, aggiungete il vino e lasciate sfumare finché non si sarà asciugato.

Aggiungete i pomodorini grattugiati e fate cuocere finché non avranno perso tutta l'acqua. Aggiustare di sale, pepe e zucchero se acido.

Rosolare i pezzi di controfiletto su una piastra fino a quando saranno dorati all'esterno e succosi all'interno. Servire con verdure.

TRUCCO

Salare il nasello 15 minuti prima della cottura in modo che il sale sia distribuito più uniformemente.

Merluzzo con salsa di fragole

INGREDIENTI

4 pezzi di merluzzo dissalato

400 g di zucchero di canna

200 g di fragole

2 spicchi d'aglio

1 arancia

Farina

olio d'oliva

Elaborazione

Schiacciare le fragole insieme al succo d'arancia e allo zucchero. Cuocere e mescolare per 10 minuti.

Affettate l'aglio e fatelo soffriggere in una padella con un filo d'olio. Rimuovi e prenota. Nello stesso olio friggete il baccalà infarinato.

Servire il baccalà con la salsa in una ciotola a parte e adagiarvi sopra l'aglio.

TRUCCO

Potete sostituire le fragole con la marmellata di arance amare. Quindi tutto ciò che devi fare è utilizzare 100 g di zucchero di canna.

Trota in salamoia

INGREDIENTI

4 trote

½ l di vino bianco

¼ l di aceto

1 cipolla piccola

1 carota grande

2 spicchi d'aglio

4 chiodi di garofano

2 foglie di alloro

1 rametto di timo

Farina

¼ l di olio d'oliva

Sale

Elaborazione

Salare e infarinare la trota. Friggerle nell'olio per 2 minuti per lato (devono risultare crude all'interno). Rimuovi e prenota.

Friggere le verdure tagliate a julienne nello stesso grasso per 10 minuti.

Bagnare con aceto e vino. Condire con un pizzico di sale, erbe aromatiche e spezie. Cuocere a fuoco basso per altri 10 minuti.

Aggiungete la trota, coprite e fate cuocere per altri 5 minuti. Lasciare riposare dal fuoco e servire freddo.

TRUCCO

Questa ricetta è meglio consumarla durante la notte. Il riposo gli conferisce più sapore. Usa gli avanzi per preparare una deliziosa insalata di trota in salamoia.

CUCITO STILE BILBAINE

INGREDIENTI

1 orata da 2 kg

½ l di vino bianco

2 cucchiai di aceto

6 spicchi d'aglio

1 peperoncino

2 dl di olio d'oliva

Sale

Elaborazione

Tagliate l'orata a pezzi, salatela, aggiungete un filo d'olio e infornate a 200°C per 20-25 minuti. Bagnare poco a poco con il vino.

Nel frattempo fate soffriggere l'aglio a fettine insieme al peperoncino in 2 dl di olio. Irrorare l'orata con aceto e salsa.

TRUCCO

La cesellatura consiste nel fare delle incisioni nel pesce per facilitarne la cottura.

SCAMPI

INGREDIENTI

250 g di gamberi

3 spicchi d'aglio, affettati

1 limone

1 peperoncino

10 cucchiai di olio d'oliva

Sale

Elaborazione

Mettete i gamberi sgusciati in una ciotola, aggiustate abbondantemente di sale e aggiungete il succo di limone. Rimuovere.

Fate soffriggere l'aglio affettato e il peperoncino in una padella. Prima che prendano colore, aggiungere i gamberetti e farli rosolare per 1 minuto.

TRUCCO

Per più sapore, marinare i gamberi con sale e limone per 15 minuti prima di friggerli.

Frittelle di merluzzo

INGREDIENTI

100 g di baccalà dissalato in briciole

100 g di erba cipollina

1 cucchiaio di prezzemolo fresco

1 bottiglia di birra fredda

tintura

Farina

olio d'oliva

sale e pepe

Elaborazione

Mettete in una ciotola il baccalà, l'erba cipollina e il prezzemolo tritati finemente, la birra, un pizzico di colorante, sale e pepe.

Mescolare e aggiungere la farina un cucchiaio alla volta, mescolando continuamente, fino ad ottenere un impasto dalla consistenza simile a quella di una polenta leggermente densa (non sgocciolante). Lasciare riposare al freddo per 20 minuti.

Friggere in abbondante olio e aggiungere cucchiaiate di pastella. Quando saranno dorate, toglietele e mettetele su carta assorbente.

TRUCCO

Se la birra non è disponibile, può essere preparata con la soda.

DOURADO COD

INGREDIENTI

400g di merluzzo dissalato e sbriciolato

6 uova

4 patate medie

1 cipolla

Prezzemolo fresco

olio d'oliva

Sale

Elaborazione

Sbucciare le patate e tagliarle a listarelle. Lavateli bene finché l'acqua non sarà limpida e poi friggeteli in abbondante olio ben caldo. Con il sale.

Fate soffriggere le cipolle tagliate a julienne. Alzare la fiamma, aggiungere il baccalà sbriciolato e cuocere fino ad esaurimento del liquido.

In una ciotola separata, sbattere le uova, aggiungere il merluzzo, le patate e le cipolle. Lasciarlo cagliare leggermente in padella. Aggiustare di sale e completare con prezzemolo fresco tritato.

TRUCCO

Per renderlo succoso, deve essere leggermente cagliato. Le patate non vengono salate fino alla fine per non perdere la croccantezza.

GRANCHIO ALLA BASCA

INGREDIENTI

1 granchio

500 g di pomodori

75 g di prosciutto serrano

50 g di mollica fresca (o pangrattato)

25 g di burro

1 bicchiere e mezzo di brandy

1 cucchiaio di prezzemolo

1/8 della cipolla

½ spicchio d'aglio

sale e pepe

Elaborazione

Lessare il granchio (1 minuto ogni 100 g) in 2 litri di acqua con 140 g di sale. Lasciare raffreddare ed eliminare la carne.

Fate soffriggere la cipolla e l'aglio tritati e il prosciutto tagliato a julienne fine. Aggiungere i pomodori grattugiati e il prezzemolo tritato e cuocere fino a formare una pasta asciutta.

Aggiungere la polpa di granchio, bagnare con il brandy e flambé. Aggiungete metà del pangrattato dal fuoco e farcite il granchio.

Cospargete sopra le briciole rimaste e spalmate sopra il burro tagliato a pezzetti. Gratinare in forno fino a quando la superficie sarà dorata.

TRUCCO

Può essere preparato anche con un buon chorizo iberico e addirittura farcito con scamorza affumicata.

ACCIUGHE IN ACETO

INGREDIENTI

12 acciughe

300cl aceto di vino

1 spicchio d'aglio

Prezzemolo tritato

Olio extravergine d'oliva

1 cucchiaino di sale

Elaborazione

Disporre le acciughe pulite su un piatto liscio insieme all'aceto diluito in acqua e sale. Conservare in frigorifero per 5 ore.

Nel frattempo fate marinare nell'olio l'aglio e il prezzemolo tritati finemente.

Togliere le acciughe dall'aceto e ricoprirle con olio e aglio. Riponete in frigo per altre 2 ore.

TRUCCO

Lavate più volte le acciughe finché l'acqua non sarà limpida.

MARCHIO DI COD

INGREDIENTI

¾ kg di cod

1 dl di latte

2 spicchi d'aglio

3 dl di olio d'oliva

Sale

Elaborazione

Scaldare l'olio con l'aglio in un pentolino a fuoco medio per 5 minuti. Aggiungete il baccalà e fate cuocere a fuoco molto basso per altri 5 minuti.

Scaldate il latte e versatelo nel bicchiere del frullatore. Aggiungere il merluzzo senza pelle e l'aglio. Sbattere fino a formare un impasto fine.

Aggiungete l'olio e continuate a sbattere fino a formare un impasto liscio. Regolare di sale e grigliare il forno alla massima potenza.

TRUCCO

Può essere consumato su pane tostato e guarnito con qualche salsa aioli.

Gobba marinata (BIENMESABE)

INGREDIENTI

500 g di spinarolo

1 bicchiere di aceto

1 cucchiaio raso di cumino macinato

1 cucchiaio raso di paprika dolce in polvere

1 cucchiaio raso di origano

4 foglie di alloro

5 spicchi d'aglio

Farina

olio d'oliva

Sale

Elaborazione

Mettete il palombo, precedentemente tagliato a cubetti e pulito, in un contenitore profondo.

Aggiungere una buona manciata di sale e cucchiaini di paprika, cumino e origano.

Schiacciare l'aglio con la buccia e aggiungerlo al contenitore. Spezzettate le foglie di alloro e aggiungete anche quelle. Infine aggiungete il bicchiere di aceto e un altro bicchiere d'acqua. Lascia riposare tutta la notte.

Asciugare i pezzi di palombo, spolverarli di farina e friggerli.

TRUCCO

Se il cumino è appena macinato, aggiungi solo ¼ di cucchiaio raso. Può essere preparato con altri pesci come la castagna o la coda di rospo.

MARINA DI AGRUMI E TONNO

INGREDIENTI

800 g di tonno (o palamita fresca)

70 ml di aceto

Vino da 140ml

1 carota

1 porro

1 spicchio d'aglio

1 arancia

½ limone

1 foglia di alloro

70 ml di olio

Sale e pepe in grani

Elaborazione

Tagliate la carota, il porro e l'aglio a bastoncini e fateli soffriggere in poco olio. Quando le verdure saranno morbide bagnatele con aceto e vino.

Aggiungere la foglia di alloro e il pepe. Regolate di sale e lasciate cuocere per altri 10 minuti. Aggiungete la scorza e il succo degli agrumi e tagliate il tonno in 4 pezzi. Cuocere per altri 2 minuti e lasciare riposare, coperto, fuori dal fuoco.

TRUCCO

Seguite gli stessi passaggi per preparare una deliziosa scaloppina di pollo. Tutto quello che devi fare è rosolare il pollo prima di aggiungerlo nella pentola della marinata e lasciarlo cuocere per altri 15 minuti.

IMPERMEABILE GAMBERI

INGREDIENTI

500 g di gamberetti

100 g di farina

½ dl di birra fresca

tintura

olio d'oliva

Sale

Elaborazione

Sgusciare i gamberi senza eliminare la parte finale della coda.

Mescolare in una ciotola la farina, un pizzico di colorante alimentare e il sale. Aggiungere poco a poco la birra senza fermarsi.

Prendete i gamberi per la coda, passateli nella pastella precedente e friggeteli in abbondante olio. Una volta dorata, toglietela e conservatela su carta assorbente.

TRUCCO

Puoi aggiungere 1 cucchiaino di curry o paprika alla farina.

FLANE DI TONNO AL BASILICO

INGREDIENTI

125 g di tonno in scatola sott'olio

½ l di latte

4 uova

1 fetta di pane

1 cucchiaio di parmigiano grattugiato

4 foglie di basilico fresco

Farina

olio d'oliva

sale e pepe

Elaborazione

Amalgamare il tonno con il latte, le uova, le fette di pane, il parmigiano e il basilico. Aggiungi sale e pepe.

Versare l'impasto in stampi individuali precedentemente imburrati e infarinati e cuocere a bagnomaria a 170°C per 30 minuti.

TRUCCO

Potete realizzare questa ricetta anche con cozze o sarde in scatola.

SOLE A LA MENIER

INGREDIENTI

6 suole

250 g di burro

50 g di succo di limone

2 cucchiai di prezzemolo tritato finemente

Farina

sale e pepe

Elaborazione

Condire e infarinare le sogliole ed eliminare le teste e le pelli. Friggere su entrambi i lati nel burro fuso a fuoco medio, facendo attenzione a non bruciare la farina.

Togliere il pesce e aggiungere nella padella il succo di limone e il prezzemolo. Cuocere per 3 minuti senza smettere di mescolare. Disporre il pesce con la salsa nei piatti.

TRUCCO

Aggiungete qualche cappero per dare un tocco delizioso alla ricetta.

LONZA DI SALMONE CON CAVA

INGREDIENTI

2 filetti di salmone

½ litro di spumante

100 ml di crema

1 carota

1 porro

olio d'oliva

sale e pepe

Elaborazione

Condire il salmone e friggerlo su entrambi i lati. Prenotazioni.

Tagliare la carota e il porro a bastoncini sottili e allungati. Friggere le verdure per 2 minuti nello stesso olio in cui è stato cotto il salmone. Bagnare con cava e lasciare ridurre della metà.

Aggiungere la panna, cuocere per 5 minuti e aggiungere il salmone. Cuocere a fuoco lento per altri 3 minuti e condire con sale e pepe.

TRUCCO

Potete cuocere a vapore il salmone per 12 minuti e accompagnarlo con questa salsa.

BRANZINO A BILBAÍNA CON PIQUILLOS

INGREDIENTI

4 spigole

1 cucchiaio di aceto

4 spicchi d'aglio

Peperoni Piquillo

125 ml di olio d'oliva

sale e pepe

Elaborazione

Togliere i lombi dal trespolo. Salare, pepare e friggere in una padella a fuoco vivace fino a quando saranno dorate all'esterno e succose all'interno. Rimuovi e prenota.

Affettate l'aglio e fatelo soffriggere nello stesso olio del pesce. Bagnare con aceto.

Nella stessa padella fate soffriggere i peperoni.

Servire i filetti di branzino con la salsa ed i peperoni.

TRUCCO

La salsa Bilbao può essere preparata in anticipo; Poi non vi resta che scaldarlo e servirlo.

COZZE IN VINAIGRETTE

INGREDIENTI

1 kg di cozze

1 bicchiere piccolo di vino bianco

2 cucchiai di aceto

1 peperone verde piccolo

1 pomodoro grande

1 cipolla piccola

1 foglia di alloro

6 cucchiai di olio d'oliva

Sale

Elaborazione

Pulisci accuratamente i gusci con una nuova spugnetta abrasiva.

Mettete le cozze in una pentola con il vino e l'alloro. Coprite e fate cuocere a fuoco vivace finché non si apriranno. Salva una delle ciotole e scartala.

Preparare una vinaigrette tritando finemente il pomodoro, il cipollotto e il peperone. Condire con aceto, olio e sale. Mescolare e versare sulle cozze.

TRUCCO

Lasciare riposare tutta la notte affinché i sapori si intensifichino.

MARMITAKO

INGREDIENTI

300 g tonno (o palamita)

1 litro di brodo di pesce

1 cucchiaio di peperoncino chorizo

3 patate grandi

1 peperone rosso grande

1 peperone verde grande

1 cipolla

olio d'oliva

sale e pepe

Elaborazione

Fate soffriggere le cipolle ed i peperoni tagliati a quadretti. Aggiungere il cucchiaio di chorizo e le patate sbucciate e tritate. Mescolare per 5 minuti.

Bagnare con il brodo di pesce e quando inizia a bollire aggiustare di sale e pepe. Cuocere a fuoco basso fino a quando le patate saranno cotte.

Spegnere il fuoco e poi aggiungere il tonno tagliato a cubetti e condire con sale e pepe. Lasciare riposare per 10 minuti prima di servire.

TRUCCO

Potete sostituire il tonno con il salmone. Il risultato è sorprendente.

BRANZINO AL SALE

INGREDIENTI

1 branzino

600 g di sale grosso

Elaborazione

Sventrare e pulire il pesce. Disporre un letto di sale su un piatto, adagiarvi sopra la spigola e coprire con il sale rimasto.

Infornare a 220°C finché il sale non si sarà indurito e sciolto. Sono circa 7 minuti per 100 g di pesce.

TRUCCO

Il pesce non deve presentare squame durante la cottura sotto sale, poiché le squame proteggono la carne dalle alte temperature. Puoi condire il sale con le erbe o aggiungere gli albumi.

COZZE AL VAPORE

INGREDIENTI

1 kg di cozze

1 dl di vino bianco

1 foglia di alloro

Elaborazione

Pulisci accuratamente i gusci con una nuova spugnetta abrasiva.

Mettete le cozze, il vino e l'alloro in una pentola calda. Coprite e fate cuocere a fuoco vivace finché non si apriranno. Scartare tutto ciò che non è stato aperto.

TRUCCO

In Belgio è un piatto molto popolare ed è accompagnato da buone patatine fritte.

Nasello della Galizia

INGREDIENTI

4 fette di nasello

600 g di patate

1 cucchiaino di paprica

3 spicchi d'aglio

1 cipolla media

1 foglia di alloro

6 cucchiai di olio d'oliva vergine

sale e pepe

Elaborazione

Scaldare l'acqua in una pentola; Aggiungere le patate a fette, la cipolla tagliata a julienne, il sale e l'alloro. Cuocere a fuoco basso per 15 minuti finché sono teneri.

Aggiungete le fette di nasello salate e pepate e fate cuocere per altri 3 minuti. Scolare le patate e il nasello e mettere il tutto in una pentola di terracotta.

Far rosolare in una padella l'aglio affettato o tritato; Quando saranno dorate, togliete dal fuoco. Aggiungere la paprika in polvere, mescolare e versare questa salsa sul pesce. Servire velocemente con un po' di acqua di cottura.

TRUCCO

È importante che la quantità di acqua sia sufficiente solo a coprire le fette di pesce e le patate.

Nasello alla Koskera

INGREDIENTI

1 kg di nasello

100 g di piselli cotti

100 g di cipolla

100 g di cozze

100 g di gamberetti

1 dl di fumo

2 cucchiai di prezzemolo

2 spicchi d'aglio

8 punte di asparagi

2 uova sode

Farina

sale e pepe

Elaborazione

Tagliare il nasello a fette o pezzi di controfiletto. Condire e farina.

Soffriggere la cipolla e l'aglio tritati finemente in una pentola fino a renderli morbidi. Alzare la fiamma, aggiungere il pesce e rosolarlo leggermente su entrambi i lati.

Bagnare con il fumetto e cuocere per 4 minuti, muovendo continuamente la pentola in modo che la salsa si addensi. Aggiungete i gamberi sgusciati, gli asparagi, le cozze pulite, i piselli e le uova tagliate in quarti. Lasciare cuocere per un altro minuto e cospargere sopra il prezzemolo tritato.

TRUCCO

Salare il nasello 20 minuti prima della cottura in modo che il sale sia distribuito più uniformemente.

NAVAJAS CON AGLIO E LIMONE

INGREDIENTI

2 dozzine di coltelli

2 spicchi d'aglio

2 rametti di prezzemolo

1 limone

Olio extravergine d'oliva

Sale

Elaborazione

La sera prima mettete i cannolicchi in una ciotola con acqua fredda e salateli per eliminare eventuali residui di sabbia.

Scolare, mettere in una casseruola, coprire e scaldare a fuoco medio finché non si aprono.

Nel frattempo tritare i rametti di aglio e prezzemolo e mescolarli con il succo di limone e l'olio d'oliva. Condite i cannolicchi con questa salsa.

TRUCCO

Sono deliziosi accompagnati con una salsa olandese o bernese (pagine 532 e 517).

BUDINO DI CABRACHO

INGREDIENTI

Testa di drago senza testa da 500 g

125 ml di salsa di pomodoro

¼ l di panna

6 uova

1 carota

1 porro

1 cipolla

Briciole di pane

olio d'oliva

sale e pepe

Elaborazione

Cuocere lo scorfano insieme alle verdure pulite e tritate per 8 minuti. Per salare.

Tritare la carne dello scorfano (senza pelle né lische). Mettetela in una ciotola con le uova, la panna e la salsa di pomodoro. Mescolare e condire con sale e pepe.

Ungere uno stampo e cospargerlo di pangrattato. Riempire con l'impasto precedente e cuocere a bagnomaria nel forno a 175°C per 50 minuti o fino a quando uno spillo inserito esce pulito. Servire freddo o caldo.

TRUCCO

Potete sostituire lo scorfano con qualsiasi altro pesce.

SNUFF CON CREMA MORBIDA ALL'AGLIO

INGREDIENTI

4 piccole code di rana pescatrice

50 g olive nere

400 ml di panna

12 spicchi d'aglio

sale e pepe

Elaborazione

Cuocere l'aglio in acqua fredda. Quando arriveranno a bollore, toglieteli e buttate l'acqua. Ripeti lo stesso procedimento tre volte.

Quindi cuocere l'aglio nella panna a fuoco basso per 30 minuti.

Metti le olive snocciolate nel microonde fino a quando non saranno secche. Passarle nel mortaio fino ad ottenere polvere di olive.

Condire la rana pescatrice e cuocerla a fuoco vivace fino a quando sarà succosa all'esterno e dorata all'interno.

Condire la salsa. Servire la rana pescatrice con la salsa a parte e la polvere di olive sopra.

TRUCCO

Il sapore di questa salsa è delicato e delizioso. Se risulta molto liquido cuocetelo ancora qualche minuto. Se il composto risulta molto denso, aggiungete un po' di panna liquida calda e mescolate.

Il nasello al sidro con la mela compete con la menta

INGREDIENTI

4 Nasello Supremo

1 bottiglia di sidro di mele

4 cucchiai di zucchero

8 foglie di menta

4 mele

1 limone

Farina

olio d'oliva

sale e pepe

Elaborazione

Condire il nasello con sale e farina e friggerlo in poco olio caldo. Rimuovere e posizionare su una teglia.

Sbucciare le mele, tagliarle finemente e metterle sulla teglia. Aggiungere il sidro di mele e infornare a 165°C per 15 minuti.

Togliere le mele e la salsa. Mescolare con zucchero e foglie di menta.

Servire il pesce con la composta.

TRUCCO

Un'altra versione della stessa ricetta. Infarinare e rosolare il nasello e disporlo in una casseruola insieme alle mele e al sidro. Cuocere a fuoco basso per 6 minuti. Togliere il nasello e lasciare ridurre la salsa. Mescolare poi con la menta e lo zucchero.

SALMONE MARINATO

INGREDIENTI

Filetto di salmone da 1 kg

500 g di zucchero

4 cucchiai di aneto tritato

500 g di sale grosso

olio d'oliva

Elaborazione

Mescolare sale, zucchero e aneto in una ciotola. Disporre la metà sul fondo di una teglia. Aggiungete il salmone e coprite con l'altra metà del composto.

Conservare in frigorifero per 12 ore. Rimuovere e pulire con acqua fredda. Sfilettare e coprire con olio.

TRUCCO

Puoi condire il sale con qualsiasi erba o spezia (zenzero, chiodi di garofano, curry, ecc.).

Trota con formaggio blu

INGREDIENTI

4 trote

75 g di formaggio erborinato

75 g di burro

40 cl di panna liquida

1 bicchiere piccolo di vino bianco

Farina

olio d'oliva

sale e pepe

Elaborazione

Scaldare il burro in una pentola con un filo d'olio. Friggere le trote infarinate e salate per 5 minuti per lato. Prenotazioni.

Versare il vino e il formaggio nel grasso rimasto dell'arrosto. Cuocere, mescolando continuamente, finché il vino non sarà quasi scomparso e il formaggio sarà completamente sciolto.

Aggiungere la panna e cuocere fino al raggiungimento della consistenza desiderata. Regolare sale e pepe. Salsa sulla trota.

TRUCCO

Preparare una salsa agrodolce al formaggio erborinato, sostituendo la panna con succo d'arancia fresco.

Tataki di tonno marinato alla soia

INGREDIENTI

1 lombo di tonno (o salmone)

1 bicchiere di soia

1 bicchiere di aceto

2 cucchiai colmi di zucchero

Buccia di una piccola arancia

Aglio

sesamo tostato

Zenzero

Elaborazione

Pulite bene il tonno e tagliatelo a pezzi. Rosolarle leggermente su tutti i lati in una padella ben calda e raffreddarle subito in acqua ghiacciata per fermare la cottura.

Mescolare in una ciotola la soia, l'aceto, lo zucchero, la scorza d'arancia, lo zenzero e l'aglio. Aggiungete il pesce e lasciate marinare per almeno 3 ore.

Cospargere di semi di sesamo, tagliare a fettine e servire.

TRUCCO

Questa ricetta deve essere realizzata con pesce precedentemente congelato per evitare l'anisakis.

Torta di nasello

INGREDIENTI

1 kg di nasello

1 l di panna

1 cipolla grande

1 bicchiere di brandy

8 uova

Pomodoro fritto

olio d'oliva

sale e pepe

Elaborazione

Tagliare la cipolla a julienne e farla soffriggere in padella. Quando sarà morbido aggiungere il nasello. Cuocere fino a quando tutto sarà pronto e friabile.

Quindi aumentare la fiamma e aggiungere il brandy. Lasciare ridurre e aggiungere qualche pomodoro.

Togliere dal fuoco e aggiungere le uova e la panna. Distruggi tutto. Aggiustare di sale e pepe e versare in uno stampo. Cuocere a bagnomaria nel forno a 165°C per almeno 1 ora finché uno degli spilli inseriti esce pulito.

TRUCCO

Servire con salsa rosa o remoulade. Può essere preparato con qualsiasi pesce bianco disossato.

PEPERONI RIPIENI DI COD

INGREDIENTI

250g di merluzzo dissalato

100 g di gamberetti

2 cucchiai di pomodoro fritto

2 cucchiai di burro

2 cucchiai di farina

1 lattina di peperoni piquillo

2 spicchi d'aglio

1 cipolla

Brandy

olio d'oliva

sale e pepe

Elaborazione

Coprire il merluzzo con acqua e cuocere per 5 minuti. Rimuovere e riservare l'acqua di cottura.

Friggere le cipolle e gli spicchi d'aglio tagliati a pezzetti. Sbucciare i gamberi e aggiungere i gusci nella padella delle cipolle. Friggere bene. Alzare la fiamma e aggiungere una spruzzata di brandy e il pomodoro fritto. Versate l'acqua di cottura del baccalà e fate cuocere per 25 minuti. Schiacciare e filtrare.

Friggere i gamberi tritati e mettere da parte.

Soffriggere la farina nel burro per circa 5 minuti, aggiungere il brodo filtrato e cuocere per altri 10 minuti, mescolando con una frusta.

Aggiungete il baccalà sbriciolato e i gamberi saltati. Aggiustare di sale e pepe e lasciare raffreddare.

Riempire i peperoni con l'impasto precedente e servire.

TRUCCO

La salsa perfetta per questi peperoni è la Vizcaya (vedi sezione Brodi e Salse).

RABAS

INGREDIENTI

1kg di calamari interi

150 g di farina di frumento

50 g di farina di ceci

olio d'oliva

Sale

Elaborazione

Pulite bene i calamari, eliminate la pelle esterna e pulite bene l'interno. Tagliateli a listarelle sottili nel senso della lunghezza e non della larghezza. Per salare.

Mescolate la farina di frumento e quella di ceci e spolverate con essa i calamari.

Scaldare bene l'olio e friggere gradualmente le code fino a doratura. Servire immediatamente.

TRUCCO

Salate i calamari 15 minuti prima e friggeteli in olio ben caldo.

SOLDATI DI PAVIA

INGREDIENTI

500g di merluzzo dissalato

1 cucchiaio di origano

1 cucchiaio di cumino macinato

1 cucchiaio di colorante

1 cucchiaio di paprika

1 bicchiere di aceto

2 spicchi d'aglio

1 foglia di alloro

Farina

olio caldo

Sale

Elaborazione

Mescolare in una ciotola origano, cumino, paprika, aglio schiacciato, un bicchiere di aceto e un bicchiere d'acqua e condire con un pizzico di sale. Mettere il baccalà dissalato, tagliato a listarelle, nella marinata per 24 ore.

Mescola la tintura e la farina. Infarinare i listelli di baccalà, scolarli e friggerli in abbondante olio ben caldo.

TRUCCO

Servire subito in modo che l'interno sia succoso e l'esterno croccante.

Frittelle di gamberi

INGREDIENTI

125 g di gamberetti crudi

75 g di farina di frumento

50 g di farina di ceci

5 fili di zafferano (o colorante)

¼ erba cipollina

Prezzemolo fresco

Olio extravergine d'oliva

Sale

Elaborazione

Tostare in forno per pochi secondi lo zafferano avvolto nella carta stagnola.

In una ciotola mescolare la farina, il sale, lo zafferano in polvere, l'erba cipollina tritata finemente, il prezzemolo tritato, 125 ml di acqua molto fredda e i gamberi.

Friggere la pasta stesa, cucchiaio per cucchiaio, in abbondante olio. Lasciateli finché non saranno dorati.

TRUCCO

Mescolando con un cucchiaio l'impasto dovrà avere la consistenza dello yogurt.

TROTA A NAVARRA

INGREDIENTI

4 trote

8 fette di prosciutto serrano

Farina

olio d'oliva

Sale

Elaborazione

Mettere 2 fette di prosciutto serrano in ogni trota pulita ed eviscerata. Infarinare e aggiustare di sale.

Friggere in abbondante olio ed eliminare il grasso in eccesso su carta assorbente.

TRUCCO

La temperatura dell'olio deve essere medio alta in modo che non si cuocia solo all'esterno e il calore non raggiunga il centro del pesce.

CROSTATA DI STELLA DI SALMONE CON AVOCADO

INGREDIENTI

500 g di salmone senza lische e pelle

6 capperi

4 pomodori

3 cetrioli sottaceto

2 avocado

1 erba cipollina

Succo di 2 limoni

Tabasco

olio d'oliva

Sale

Elaborazione

Sbucciare e privare i pomodori dei semi. Svuotare gli avocado. Tritate tutti gli ingredienti il più finemente possibile e mescolateli in una ciotola.

Condire con succo di limone, qualche goccia di tabasco, olio d'oliva e sale.

TRUCCO

Può essere preparato con salmone affumicato o altri pesci simili come la trota.

Capesante alla galiziana

INGREDIENTI

8 capesante

125 g di cipolle

125 g di prosciutto serrano

80 g di pangrattato

1 cucchiaio di prezzemolo fresco

½ cucchiaino di paprika dolce

1 uovo sodo, tritato

Elaborazione

Tritare finemente le cipolle e friggerle a bassa temperatura per 10 minuti. Aggiungete il prosciutto tagliato a cubetti e fate rosolare per altri 2 minuti. Aggiungere i peperoni e cuocere per altri 10 secondi. Rimuovere e lasciare raffreddare.

Una volta raffreddato, mettetelo in una ciotola e aggiungete il pangrattato, il prezzemolo tritato e l'uovo. Mescolare.

Farcire le capesante con il composto precedente, disporle su una placca e infornare a 170°C per 15 minuti.

TRUCCO

Per risparmiare tempo, preparatelo in anticipo e cuocetelo il giorno in cui ne avete bisogno. Può essere preparato anche con capesante e persino ostriche.

POLLO IN SALSA CON FUNGHI

INGREDIENTI

1 pollo

350 g di funghi

½ l di brodo di pollo

1 bicchiere di vino bianco

1 rametto di timo

1 rametto di rosmarino

1 foglia di alloro

2 pomodori

1 peperone verde

1 spicchio d'aglio

1 cipolla

1 pepe di cayenna

olio d'oliva

sale e pepe

Elaborazione

Tritare il pollo, condirlo e friggerlo a fuoco vivace. Rimuovi e prenota. Fate soffriggere nello stesso olio, a fuoco basso, la cipolla, il pepe di cayenna, il pepe e l'aglio tagliato a pezzetti molto piccoli per 5 minuti. Alzare la fiamma e aggiungere i pomodorini grattugiati. Fate rosolare finché tutta l'acqua non sarà scomparsa dal pomodoro.

Aggiungete nuovamente il pollo e bagnate con il vino finché la salsa si sarà ridotta e sarà quasi asciutta. Bagnare con il brodo e aggiungere le erbe aromatiche. Cuocere per circa 25 minuti o fino a quando il pollo sarà tenero.

A parte, fate soffriggere i funghi a fettine conditi con sale in una padella calda con un filo d'olio per 2 minuti. Aggiungeteli allo spezzatino di pollo e fate cuocere per altri 2 minuti. Se necessario aggiustate di sale.

TRUCCO

Il risultato è altrettanto buono se preparato con i finferli.

POLLO MARINO CON MELA

INGREDIENTI

1 pollo

2 bicchieri di aceto

4 bicchieri di sidro di mele

2 spicchi d'aglio

2 carote

1 foglia di alloro

1 porro

2 bicchieri di olio

Sale e pepe in grani

Elaborazione

Tagliare il pollo, condirlo e rosolarlo in una pentola. Rimuovi e prenota. Nello stesso olio fate soffriggere le carote e i porri tagliati a bastoncini e gli spicchi d'aglio affettati. Quando le verdure saranno morbide, aggiungere il liquido.

Aggiungere l'alloro e il pepe, aggiustare di sale e cuocere per altri 5 minuti. Aggiungere il pollo e cuocere per altri 12 minuti. Lasciarlo coperto e fuori dal fuoco.

TRUCCO

Si può conservare coperta in frigorifero per diversi giorni. Il decapaggio è un modo per conservare il cibo.

SPEZZATINO DI POLLO CON POLLO POLLO

INGREDIENTI

1 pollo grande

150 g di finferli

1 bicchiere di brandy

1 rametto di timo

1 rametto di rosmarino

2 pomodori grattugiati

2 spicchi d'aglio

1 peperone verde

1 peperone rosso

1 carota

1 cipolla

zuppa di pollo

Farina

olio d'oliva

sale e pepe

Elaborazione

Condire il pollo tagliato a pezzi e spolverare con la farina. Friggere a fuoco vivace con un filo d'olio, togliere e mettere da parte.

Nello stesso olio fate soffriggere a fuoco basso per 20 minuti le carote, le cipolle, l'aglio e i peperoni tagliati a pezzetti.

Alzare la fiamma e aggiungere i pomodorini grattugiati. Cuocere fino a quando quasi tutta l'acqua sarà scomparsa dai pomodori. Aggiungere i finferli puliti e tritati. Cuocere a fuoco vivace per 3 minuti, aggiungere il brandy e lasciar bollire.

Riaggiungete il pollo e coprite con il brodo. Aggiungete le erbe aromatiche e fate cuocere per altri 25 minuti.

TRUCCO

Per questo piatto possono essere utilizzati tutti i tipi di funghi di stagione.

BISTECCA DI POLLO ALLA MADRILEÑA

INGREDIENTI

8 filetti di pollo

3 spicchi d'aglio

2 cucchiai di prezzemolo fresco

1 cucchiaino di cumino macinato

Farina, uova e pangrattato (per spennellare)

olio d'oliva

sale e pepe

Elaborazione

Mescolare il prezzemolo e l'aglio tritati finemente con il pangrattato e il cumino.

Condire i filetti con sale e pepe e passarli nella farina, nell'uovo sbattuto e nel composto precedente.

Premere con le mani in modo che la panatura aderisca bene. Friggere in abbondante olio ben caldo fino a doratura.

TRUCCO

Si possono gratinare con sopra qualche fetta di mozzarella e concassé di pomodoro (vedi sezione "Brodi e salse").

FRICANDÓ DI POLLO CON FUNGHI SHIITAKE

INGREDIENTI

Filetti di pollo da 1 kg

250 g di funghi shiitake

250 ml di brodo di pollo

150 ml di acquavite

2 pomodori

1 carota

1 spicchio d'aglio

1 porro

½ erba cipollina

1 mazzo di erbe aromatiche (timo, rosmarino, alloro...)

1 cucchiaino di paprica

Farina

olio d'oliva

sale e pepe

Elaborazione

Condire i filetti di pollo tagliati in quarti e spolverarli con la farina. Friggere in poco olio a fuoco medio e togliere.

Fate soffriggere nello stesso olio le verdure tagliate a pezzetti, aggiungete la paprika in polvere ed infine aggiungete i pomodorini grattugiati.

Fate soffriggere bene finché il pomodoro non avrà perso tutta l'acqua, alzate la fiamma e aggiungete i funghi. Far bollire per 2 minuti, quindi aggiungere il brandy. Lasciare evaporare tutto l'alcol e rimettere dentro il pollo.

Coprire con il brodo e aggiungere le erbe aromatiche. Regolate di sale e fate cuocere a fuoco basso per altri 5 minuti.

TRUCCO

Lasciare riposare, coperto, per 5 minuti per permettere ai sapori di amalgamarsi meglio.

Quark FATTO IN CASA con miele e noci

INGREDIENTI

1 litro di latte di pecora

4 cucchiai di miele

12 gocce di caglio da farmacia

Noci

Elaborazione

Portare a ebollizione il latte in una pentola. Rimuovere quando viene bollito per la prima volta. Lasciare riposare finché non sarà a temperatura ambiente (circa 28°C).

Aggiungere il caglio al latte senza smettere di mescolare. Versare subito nei contenitori individuali e lasciare raffreddare in frigorifero.

Servire con miele e noci.

TRUCCO

Per un tocco diverso, aggiungi 1 rametto di rosmarino mentre il latte bolle.

BISCOTTI AL CAFFÈ

INGREDIENTI

175 g di zucchero

½ l di panna montata

4 dl caffè (solubile o macchina caffè)

8 tuorli d'uovo

Elaborazione

Sbattere in una ciotola le uova, lo zucchero e il caffè per 5 minuti.

Montare la panna e aggiungerla al composto di caffè. Poi congelare per almeno 3 ore.

TRUCCO

Può essere preparato con altri gusti come cioccolato, horchata, ecc.

TORTA DI MELE AMERICANA

INGREDIENTI

300 g di farina

100 g di zucchero

80 g di burro

2 mele Granny Smith

2 mele renache

1 uovo

Cannella

Elaborazione

Sbucciare le mele e tagliarle a fettine sottili. Metteteli in una ciotola insieme allo zucchero e alla cannella a piacere.

Mescolare il burro con la farina fino ad ottenere una consistenza sabbiosa. A questo composto aggiungete un po' di acqua fredda e impastate per 10 minuti finché non si attaccherà più alle mani.

Stendete l'impasto con il mattarello e disponetene la metà su una teglia foderata con carta da forno e precedentemente infarinata. Disporre all'interno le fettine di mela e ricoprire con l'altra metà dell'impasto. Sigillare come se fossero degli gnocchi.

Spennellate con l'uovo e fate qualche incisione al centro della torta per far fuoriuscire il vapore. Infornare a 170°C fino a quando la superficie avrà un bel colore dorato.

TRUCCO

Puoi aggiungere al ripieno un po' di uvetta e spezie come zenzero in polvere, chiodi di garofano macinati, ecc.

www.ingramcontent.com/pod-product-compliance
Lightning Source LLC
Chambersburg PA
CBHW071911110526
44591CB00011B/1632